Otmar Jenner

Karma Healing

ISBN 978-3-8434-5052-2

Otmar Jenner:
Karma Healing
© 2012 Schirner Verlag, Darmstadt

Umschlag: Murat Karaçay, Schirner,
unter Verwendung von # 6569255
(Sunnydays), www.fotolia.com
Redaktion & Satz:
Bastian Rittinghaus, Schirner
Printed by: ren medien, Filderstadt,
Germany

www.schirner.com

1. Auflage Oktober 2012

Alle Rechte der Verbreitung, auch durch Funk, Fernsehen und sonstige
Kommunikationsmittel, fotomechanische oder vertonte Wiedergabe
sowie des auszugsweisen Nachdrucks vorbehalten

Inhalt

Alles Karma, oder was? 5

Déjà-vu und was man sonst noch vom Karma hat 8

Über den Tellerrand des Daseins 10

Vom Wollen und vom Sollen 17

Noch mehr Karma 24

Methode 1: *Dankbar einschlafen* 26

Methode 2: *Der Mutter verzeihen* 31

Methode 3: *Dank an die Mutter* 34

Methode 4: *Dem Vater verzeihen* 41

Methode 5: *Dank an den Vater* 47

Methode 6: *Was es einigen Menschen zu sagen gilt* 50

Methode 7: *Sie sind eine Leuchte* 53

Methode 8: *Seien Sie anderen eine Leuchte* 59

Methode 9: *Sich selbst in allen anderen sehen –
oder alle anderen in einem selbst* 61

Methode 10: *Die eigene Wahrnehmung steigern* 64

Methode 11: *Gewohnheiten ändern* 69

Methode 12: *Wahrnehmung der eigenen Vitalität* 75

Methode 13: *Wahrnehmung des zweiten
bis siebten Chakras* 81

Methode 14: *Reise in den Heiligen Raum.*
   Was will ich wirklich noch lernen? 84
Methode 15: *Lernen, was man noch zu lernen hat* 88
Methode 16: *Selbstrespekt und ein gesundes Maß* 90
Methode 17: *Mit Selbstrespekt zu mehr Selbstliebe* 93
Methode 18: *In den Ozean des Lebens eintauchen* 94
Methode 19: *Zur Quelle der Erfahrung* 96
Methode 20: *Zur Schönheit des Ichs* 99
Methode 21:
   Als strahlendes Ich in den Ozean des Lebens 102
Methode 22:
   Den Tod als Meister der Transformation anerkennen 104
Methode 23: *Das Leben feiern* 109

Nachwort zur Wiedergeburt und
   zum wahrhaftigeren Leben 110
Mehr über den Autor und dieses Buch 111

Alles Karma, oder was?

Es war in einer meiner frühen Gruppen.
»So ein Karma, da muss man gar nicht lange drum herumreden, das ist schon eine feine Sache«, erklärte Louise.
»Es wirkt gewissermaßen im Verborgenen, ist aber immer da«, meinte Richard.
»Niemand kann sich seinem Karma entziehen«, merkte Ilona an.
»Vor allem, wenn man einiges auf dem Kerbholz hat«, meldete sich Max.
»Dann kann man sich mehrere Inkarnationen lang daran abarbeiten müssen«, sagte Angela.
»Wenn man es richtig schlimm getrieben hat, reicht ein Leben nicht aus«, meinte Ludwig.
»Dann wird man wieder und immer wieder damit konfrontiert«, sagte Irina.
»Das könnte einem ganz schön Angst machen«, sagte Richard.
»Aber genau darum geht es ja«, sagte Marie mit leiser Stimme, »seine Angst zu überwinden.«

»Und Liebe zu wagen«, ergänzte Sylvia.
»Das ist das größte Wagnis überhaupt«, stimmte Wolfgang mit ein. »In diesem Leben. Und auch in allen Vorleben.« Er schloss für einen Moment seine Augen, als würde er in sich hineinhorchen. »Ich habe da so meine Erfahrungen.«

Das war noch in Hamburg, ein Gespräch über die Lehre von der Wiedergeburt und den im Kreislauf von Leben und Sterben erworbenen Verhaltensmustern, Karma genannt, am Rande eines von mir geleiteten Seminars zum Thema »Geistiges Heilen« – ein Jahr bevor ich »Spirituelle Medizin – Heilen mit der Kraft des Geistes« schrieb, das später ein Bestseller wurde, und zwei Jahre bevor ich nach Berlin kam und in einem Ärztehaus das »Zentrum für Energetisches Heilen« gründete.
Etwa zehn Jahre ist das her. Karma, die Summe all unserer Erfahrungen – dieses Thema begleitet mich schon eine lange Zeit. Vor allem bei meiner Arbeit als Heiler, denn immer wieder habe ich mit der Auflösung von Blockaden zu tun, die »karmisch« sind, also sehr alt, in einem Vorleben erworben.

Umso mehr freue ich mich, wenn Sie, liebe Leserin, lieber Leser, und ich uns dieser Thematik auch praktisch widmen.

Da dieses Buch über Karma Healing ein Arbeitsbuch ist, enthält es Handlungsvorschläge, konkrete Anweisungen. Ich gebe diese in dem Bewusstsein, sämtliche Vorschläge und Anweisungen immer auch auf mich selbst zu beziehen. Vielleicht sogar als Allererstes auf mich selbst. Denn was auch immer ich über Heilung weiß, mir ist klar, ich muss es immer wieder selbst, immer wieder neu lernen und das Gelernte auch wirklich leben. Denn auch das ist Karma Healing:
zu verstehen und aus dem Verständnis zu handeln. Erkenntnis zu gewinnen und aus der Erkenntnis zu leben.

In diesem Bewusstsein spreche ich als Schüler zu Schülern, nämlich zu Ihnen, liebe Leserinnen, liebe Leser. Ich höre in Liebe auf den großen Lehrer, das Leben. Und mit größtem Respekt möchte ich Ihnen nahelegen, dies nun gemeinsam mit mir zu tun.

Déjà-vu und was man sonst noch vom Karma hat

»Hier war ich schon mal«, sagte Louis.
»Warst du nicht«, sagte seine Freundin Marie.
»Ich weiß«, erwiderte Louis. »Aber es fühlt sich an, als wär ich schon mal hier gewesen. So unglaublich vertraut.«
Das war vor Jahren in Arles, Südfrankreich, und mir ist es damals genau so wie Louis gegangen. Diese wunderschöne, morbide Stadt, so unglaublich vertraut – bereits beim ersten Besuch.

Oder Menschen, die einander kennen, obwohl sie einander zum ersten Mal begegnen. »Déjà-vu« nennt man das – »schon gesehen« auf Französisch. Und es gibt wissenschaftliche Erklärungsversuche für diese Déjà-vu-Erlebnisse. Es handle sich um falsches Wiedererkennen, eine Bewusstseinstäuschung, behaupten Neurologen. Manche sehen Erschöpfungszustände oder den Einfluss von Alkohol und anderen Drogen als die eigentliche Ursache.

Mag sein, dass Déjà-vu-Erlebnisse manchmal tatsächlich so ausgelöst werden, doch die meisten eher nicht. Das meine ich durch meine Arbeit als spiritueller Heiler zu wissen. Viele Menschen erzählen mir von den Sonderbarkeiten ihres Lebens, und Déjà-vu-Erfahrungen gehören sehr häufig dazu, weil sie den Blick des Betroffenen geradezu automatisch über den Tellerrand seines Daseins heben.

Über den Tellerrand des Daseins

Was liegt hinter dem Tellerrand des Daseins?
Im Leben gibt es seltsame Grenzen. Gedächtnisgrenzen beispielsweise. Menschliche Erinnerung scheint auf eine natürliche Weise begrenzt zu sein. Die meisten Menschen können sich daran erinnern, was sie an den vergangenen Tagen gemacht haben, was in den Wochen zuvor geschah, wie sie die letzten Monate und das vergangene Jahr erlebten. Sie erinnern sich an verflossene Jahrzehnte, Phasen ihres Berufslebens, glückliche und weniger glückliche Zeiten der Partnerschaft und Momente großer Einsamkeit. Sie können sich die Zeit ihrer Ausbildung in Erinnerung rufen und haben die Schulzeit zumindest bruchstückhaft im Gedächtnis bewahren können. Manche Perioden ihrer Kindheit sehen sie so lebendig vor ihrem geistigen Auge, als wären sie gestern geschehen, andere sind im Nebel des Vergessens versunken. Sogar an Szenen aus ihrer frühen Kindheit können manche Menschen sich erinnern, doch wenn sie weiter zurückliegende Winkel ihrer frühesten Erinne-

rung erkunden wollen, so stoßen sie bald auf eine Art Vorhang. Dieser Vorhang lässt sich mit viel Ruhe, Konzentration und jeder Menge guter Absicht etwas lüften, und man erlebt sich in seiner Erinnerung womöglich sogar noch als Kleinkind. Doch will man sich noch weiter in seiner Erinnerung zurückbewegen, so stößt man auf den nächsten Vorhang, der sich auch mit dem besten Willen kaum lüften lässt, denn er verdeckt die Wand der Amnesie.

Mit Nachdenken und dem Versuch der bewussten Erinnerung gibt es hier kein Durchkommen, denn an diesem Punkt endet das verbale Gedächtnis. Wie hinter einer Wand verborgen liegt in einen dichten, undurchdringlichen Nebel entrückt der weite vorsprachliche Erfahrungsraum.

In diesen Weiten, sagt die Hirnforschung, geht eigentlich nichts verloren. Doch weil wir in der vorsprachlichen Phase noch über keine Wörter verfügen, um unsere Erfahrungen zu benennen, werden Erinnerungen aus diesen Zeiten in späteren, sprachkundigen Perioden nicht mehr von den Sieben unseres sprachlich organisierten Erinnerungsrasters erfasst, sondern fallen gewissermaßen durchs Netz. Unsere

Gedächtnisleistung vermag nach nonverbaler Erinnerung kaum zu greifen.

Es ist, als bestünde im Gehirn eine Art Übersetzungsproblem. Man kann über die ersten Jahre der Kindheit wahrscheinlich so viel nachdenken, wie man will, doch man durchbricht nie die Wand. Auf diese Weise erinnert sich kaum ein Mensch daran, wie er gestillt worden ist oder eben auch nicht. Rationale Überlegung und der bloße Wille, sich jetzt auch wirklich daran zu erinnern, eröffnen nicht die Erinnerung an die eigene Geburt.

Wenn die eigene Mutter etwas über Schwangerschaft, Geburt und die Zeit danach erzählt, bekommen einige Menschen eine vage Erinnerung. Sie spüren, dass die Erzählungen der Mutter wirklich etwas mit ihnen zu tun haben, empfinden womöglich kaum fassbare Gefühle dabei und haben vielleicht sogar den Eindruck, einen Zipfel sehr früher, tief verborgener, kryptischer Erinnerung zu greifen. Doch konkret und bildlich, also visuell, akustisch und womöglich olfaktorisch präsent wie die Freude des Vaters, der sich über einen beugt, um das Zeugnis mit den guten Schulnoten zu sehen, so bildlich und konkret wird die durch die

Darstellungen der Mutter geweckte Erinnerung rund um die eigene Geburt meistens nicht.
So gut wie nie geschieht das auf diese Weise.
Auf andere aber sehr häufig schon.

Durch Methoden wie das holotrope Atmen oder Rebirthing-Techniken können Menschen in Bewusstseinszustände geraten, die ihnen dabei helfen, in ihnen schlummernde Erinnerungen zu wecken und in den vorsprachlichen Erfahrungsraum einzutauchen. So gelang es mir, mich an meine Geburt zu erinnern. Sie war lang und hart. Eigentlich ungewöhnlich für einen Drittgeborenen. Doch ich war zu lange ausgetragen worden, mein Kopf war bereits sehr groß. Schon steckte ich fest. Es ging nicht vor und nicht zurück. Ich konnte mich an meine Angst erinnern, den Schmerz des Eingeklemmtseins, wachsende Panik, das überwältigende Empfinden, einer gewaltigen Übermacht ausgeliefert zu sein. Dank einer titanischen Anstrengung meiner Mutter, aber auch von mir, gelangte ich dann doch noch raus. Ich erblickte gleißend helles Licht. Das wird wohl die Deckenbeleuchtung im Kreißsaal gewesen sein. Zum Glück fing ich an zu schreien, bevor mir der Arzt auf den Hintern schlagen konnte.

Später meinte ich, mich sogar an die Freude meiner Mutter zu erinnern, während sie mit mir schwanger war. Ihre Freude drang wie in warmen Wellen zu mir vor, während sie sich und damit auch mich schaukelnd durch ihren sonnigen Alltag in den Frühlingsmonaten vor meiner Geburt bewegte.

Als Kind hatte ich im Traum häufig riesengroße Kugeln oder Würfel auf mich zurollen sehen. Manchmal träumte ich auch davon, wie die Zimmerwände sich auf mich zubewegten. Meistens war das auf eine seltsame Weise angenehm, wie eine mütterliche Umarmung. Heute denke ich, damals habe ich im Traum meine Erinnerungen an das Einsetzen der Wehen vor meiner Geburt verarbeitet.

Meistens bleiben Erinnerungen aus der vorsprachlichen Zeit nebulös, kaum greifbar, doch manchmal können sie auch sehr präzise, fast hyperwirklich erscheinen. So etwas habe ich mit Musik erlebt. Bei einer gewissen Opernarie stiegen mir gänzlich unvermittelt Freudentränen in die Augen, und ich hatte gleichzeitig das Empfinden, unendlich weich gebettet zu sein, obwohl ich diese Arie nach meiner Kenntnis gerade »zum ersten Mal« hörte. Ein vergleichbar intensives Hochgefühl habe ich bisher bei keiner anderen Musik verspürt. Später habe ich erfahren, dass genau dieses Lied das Lieblingslied meiner Mutter, einer ausgebildeten Opernsängerin, gewesen und täglich von ihr angestimmt worden war in den Monaten der Schwangerschaft mit mir. Davor und danach hatte sie andere Lieblingslieder. So habe ich es erzählt bekommen, und so erscheint es mir logisch, dass ich auf dieses Lied genau so reagiere.

Erfahrungen dieser Art öffnen den Blick für das eigene Dasein jenseits des Tellerrandes bewusster Erinnerung. Je mehr ich begann, mich für frühe, früheste und schließlich Erinnerungen vom Anfang meines Lebens zu interessieren, mit Rückführungsmethoden arbeitete, die ich mittlerweile auch unterrichte, desto weiter begann sich mein Gedächtnisraum zu öffnen, schließlich bis ins Vorleben hinein und darüber hinaus in weitere Leben davor.

Je weiter ich zurückblicken konnte, desto klarer wurde mein Blick auf den märchenhaften roten Faden meiner individuellen Biografie. Die ist schon im aktuellen Leben mehr als spannend. Doch mit der zunehmenden Kenntnis meiner weiteren Vergangenheit verstand ich immer mehr bisher rätselhafte Aspekte meiner Persönlichkeit. Ich erkannte immer besser, wo ich herkam, wie ich mich im Laufe meiner Inkarnationen entwickelt hatte, was die Kerneigenschaften meines individuellen Selbst waren und was Eigenarten waren, die so lästig wie überflüssig waren und mit der Leichtigkeit und Heiterkeit der Selbstliebe überwunden und abgelegt werden konnten. Je mehr ich mich in früheren Inkarnationen erkannte und mich in früheren Leben handeln sah, desto deutlicher verstand ich, wie ich in diesem agierte und warum. Je mehr ich verstand, wo ich herkam, desto besser verstand ich, wo ich angekommen war und wo mich mein weiterer Weg hinführen würde. Denn ich erkannte mein Karma.

Und das, so sage hier voller Demut und Hingabe, war und ist sehr heilsam für mich.

Vom Wollen und vom Sollen

Die meisten Menschen tun nicht das, was sie wollen.
Nur wenige Menschen haben den Mut, das zu tun, was sie wollen.
Noch weniger Menschen tun das, was sie sollen.
Und ganz wenige Menschen wollen das tun, was sie tun sollen.

Wer nicht tut, was er tun will, leidet unter einem Mangel an Freiheit und fühlt sich gezwungen. Das kostet eine Menge Kraft.
Wer seinem Willen folgt und nur macht, was er gerade will, fühlt sich vielleicht frei, doch all dieses Wollen kostet ebenfalls nicht wenig Kraft, weil etwas Wesentliches fehlt: der eigentliche Sinn des Wollens, das Fundament willentlichen Seins.
Dieses Fundament bildet das, was wir als Menschen in unserem individuellen Sein tun sollen. Dieses »Sollen« ist im Sinne eines inneren Auftrags zu verstehen, als das innere Wissen um die eigentliche individuelle Lebensaufgabe.

Mein Sollen ist das Heilen. Teil dieses Sollens ist es, darüber zu reden, also Vorträge über geistiges Heilen zu halten und die Inhalte der spirituellen Medizin praktisch zu vermitteln. Mein Sollen gibt mir die Kraft, eine Aufgabe zu erfüllen, die ich immer wieder als sehr groß empfinde. Weil sie mir aber genauso am Herzen liegt, erfülle ich sie sehr gern, will also auch tun, was ich tun soll. Das ist heilsam für mich. So erfülle ich mein Karma.

Die Angelegenheit mit dem Sollen und dem Wollen des Sollens hat allerdings einen Haken. Manchmal hakt es dabei mit dem Verständnis. Und manchmal hakt dabei auch etwas aus.
Wahrscheinlich hat das alles ja nichts mit Ihnen, geehrte Leserin, geehrter Leser, zu tun, aber lassen Sie mich bitte trotzdem erzählen …
Nicht wenige Menschen haben sich damit abgefunden, nicht das zu tun, was sie eigentlich wollen. So sitzen sie nun da (das tun sie meistens nicht nur bildlich gesprochen, wenn sie ihr Nichtwollen ausüben) und lamentieren. Sie beschweren sich darüber, wie ungerecht die Welt im Allgemeinen ist und sich im Besonderen

ihnen gegenüber zeigt und verhält. Es ist sehr hart, zu tun, was man nicht tun will, daher sind Wehklagen darüber nur allzu verständlich. Weil seelisches Leiden das körperliche Wohlbefinden in Mitleidenschaft zieht, werden diese Menschen jedoch nicht selten krank.

Umso mehr wünschen sie sich, aus ihrer Malaise gerettet zu werden. Sie haben vielleicht einen Bürojob, arbeiten schon seit Jahren in dem Bewusstsein, dass diese Tätigkeit nicht die richtige ist, und trösten sich mit dem Gedanken, bald einer besseren Arbeit nachzugehen, tun aber so gut wie nichts dafür, ihren Wunsch tatsächlich in die Tat umzusetzen.

Weil sie ja hoffen, gerettet zu werden. Am besten von einer höheren Macht – den gütigen Geistern, die ihre Not erkennen und ihnen zu Hilfe eilen. »Sehr bald«, hoffen sie, »tut sich der Himmel auf und die gütigen Geister steigen höchstpersönlich auf die Erde herunter, eilen in mein Büro und nehmen mich mit. Mit zu sinnvollerem Sein, sinnvollerem Tun, zu einem Leben, das auf sinnvolle Weise erfüllt ist. Sie kommen, um mir meine Lebensaufgabe zu nennen und mich auch gleich in die Lage zu versetzen, sie zu erfüllen. Oder die Engel werden mir sagen, was ich tun soll.

Oder die Außerirdischen geben mir Durchsagen. Die haben es natürlich auch drauf, mir zu sagen, wo es langgeht. Das wird die Erlösung aus dem Jammertal meines Daseins. Hoffentlich noch vor der Rente.«

Sorry, so läuft es nicht.

Die gütigen Geister (zu denen kommen wir noch) haben was Besseres zu tun, und die Außerirdischen (die werden in diesem Text eher aus der Ferne gegrüßt) sind allerhöchstens mit anderen Arten der Entführung beschäftigt. Aus einer ungeliebten Tätigkeit rettet Sie keiner von denen.

Das muss man schon selber tun. Auch das ist Karma Healing: erst mal versuchen, sich selbst zu helfen.

Aua. Ich weiß, in manchen Lebenslagen tut das weh. Doch die Folgerichtigkeit des Lebens ist nun mal ein Grundgesetz des Daseins. Es kommt niemand, der die Sache für uns abkürzt, aus dem Himmel in unser Leben eingreift, uns aus einer Unglückslage hebt und auf der Insel der Glückseligen wieder absetzt.

Ist mir schon klar, meine Worte klingen heftig. Doch dies ist unser Leben! Wir können niemals wissen, wie lange es noch währt. Mit einem der nächsten Atemzüge könnte es schon zu Ende sein. Daher machen wir am besten jetzt das Beste daraus. Beginnen wir noch in diesem Moment! Denn weshalb sollten wir das Beste auf einen späteren Zeitpunkt verschieben, um uns jetzt mit dem Zweitbesten oder etwas viel Schlechterem zu beschäftigen und zu begnügen?

Im individuellen Fall finden wir dafür jede Menge Begründungen, meistens von Existenzangst geprägt. »Das geht doch nicht …«, »Ich kann doch nicht …«, »Wer wird mich dann …?« – so oder so ähnlich beginnen die Erklärungen und die Erklärungen der Erklärungen zumeist, um dann verbal gewunden zu einem einzigen Ergebnis zu führen, nämlich: Ich habe eine so große Angst vor dem Leben, dass ich es lieber sterbe (mit einer ungeliebten Arbeit, mit einem Partner, der mir nicht guttut), als mein Leben wirklich zu leben, und zwar genau jetzt, es also in diesem Moment in die Hand zu nehmen und den ersten Schritt in die Freiheit zu wagen.

Und das ist ein Desaster – karmisch gesehen.

Was kann man im Sinne von Karma Healing also besser machen? Ganz einfach: Freiheit wagen. Beginnen wir mit folgenden Fragen und ehrlichen Antworten darauf:
- Was ist der erste Schritt zu mehr Freiheit in meinem Leben?
- Wie kann ich ab jetzt tun, was ich wirklich will, und zwar auf eine heilsame Weise?

Das ist das zentrale Thema dieses Buches, denn es handelt ja von dem endlosen, geflochtenen Band der individuellen Biografie. Für uns sichtbar ist womöglich nur ein kleiner Teil davon. Derjenige nämlich, der sich im Fenster unserer jetzigen Inkarnation gerade zeigt. Diesen Teil unserer Biografie ehrlich wahrzunehmen, zu würdigen und heilsam damit umzugehen, ist wahrscheinlich eine Kunst, denn nicht wenige Menschen haben größte Probleme damit. Durch leidvolle Erfahrungen traumatisiert, empfinden sie vor allem Angst und tun aus Angst nicht, was sie eigentlich tun wollen.

Doch wenn sie ihre Angst überwinden, auf heilsame Weise mehr Freiheit wagen, weil Freiheit nun mal das

Leben ist und Unfreiheit der Tod, dann stärken sie ihre Position im Leben und empfinden Begeisterung für ihr Dasein.

Diese Begeisterung wird sie öffnen für die eigentliche Gnade: das zu tun, was sie tun sollen. Dann arbeiten sie an der Erfüllung ihres Karmas. Denn auf Begeisterung folgt Erfüllung. Jeder Mensch, ausnahmslos jeder, hat eine Lebensaufgabe. In Freiheit haben wir die Kraft, sie zu erkennen – und anzunehmen. Also das zu wollen, was wir sollen. Mit dem Wagnis der Freiheit bewegen wir uns darauf zu.

Schrittweise gelingt es garantiert. Wir müssen nur damit beginnen.

Noch mehr Karma

Das Wort Karma kommt ursprünglich aus dem indischen Sanskrit. Im Karma-Begriff konzentriert sich die Vorstellung, dass jede physische wie mentale Tat, und dazu gehören auch gedankliche und emotionale Impulse, eine Folge hat, die das weitere Dasein beeinflusst. In diesem Leben. Oder auch im nächsten.

Voraussetzung des Karma-Begriffs ist die wahrscheinlich im Hinduismus entstandene und im Buddhismus weiterentwickelte Vorstellung vom Kreislauf der Wiedergeburten.

Dieses Leben, mein jetziges, so meine ich zweifelsfrei zu wissen, ist nur eines von vielen, die ich bereits gelebt habe. Was ich in meinen Vorleben tat, hatte Folgen. Nicht zuletzt auf die Entwicklung meiner Persönlichkeit. Ich habe viele Erfahrungen gemacht, sehr viele waren heilsam, einige waren auch weniger heilsam. All dies, meine Taten und Erfahrungen, meine Erkenntnisse daraus und mein aus ihnen folgendes persönliches Wachstum – nennen wir es die Summe meines gesamten Seins –, das ist mein individuelles Karma.

Welche Erfahrungen ich auch immer gemacht habe, was ich je erlebt, je gedacht und gefühlt, je getan oder zu tun unterlassen habe – all das betrifft mich noch heute, ist noch heute (karmisch) wirksam. In positivem, starkem Sinne wirkt es, wenn ich etwaige negative Taten und Erfahrungen erlöst habe. In weniger positivem, schwachem Sinne, wenn mein negatives Tun bisher unerlöst geblieben ist.

Von Erlösung und Reinigung, von Heilung und Heilwerdung in karmischem Sinne handelt dieses Buch. Es bietet einen Leitfaden zum praktischen heilsamen Handeln. Es vermittelt angewandtes Karma Healing.

Methode 1:
Dankbar einschlafen

Sagen Sie jetzt bitte einmal gut hörbar: »Ich bin dankbar, dass ich lebe.«

Stimmt das?

Okay, noch mal, bitte: »Ich bin dankbar, dass ich lebe.«

Wie fühlt sich das an?
Eindeutig richtig?
Ambivalent, irgendwie zwiespältig?
Deutlich irgendwie auch falsch?
Eindeutig falsch?

Sprechen Sie den Satz, wie immer er sich die beiden Male vorher auch angefühlt haben mag, nun noch ein drittes Mal, und zwar so bewusst wie möglich: »Ich bin dankbar, dass ich lebe.«

Seien Sie ehrlich mit sich. Es gibt an dieser Stelle keinen Grund, irgendetwas zu beschönigen. Falls Sie auch nur den geringsten Zweifel daran haben, dass die Tatsache, dass Sie leben, dankenswert ist, so gilt es, dies zur Kenntnis zu nehmen.
Und zu handeln.

Am besten so: Vergegenwärtigen Sie sich die schönen Momente der vergangenen Woche. Schreiben Sie die Erinnerungen daran stichwortartig auf.
Dann vergegenwärtigen Sie sich die schönsten Momente des vergangenen Monats. Schreiben Sie auch diese Erinnerungen in Stichworten auf.
Dann vergegenwärtigen Sie sich die schönsten Momente des vergangenen Jahres. Machen Sie sich kurze Notizen dazu.
Dann die schönsten Momente der drei Jahre davor.
Dann die schönsten Momente der fünf, sieben oder zehn Jahre davor.
Dann die schönsten Augenblicke während des Studiums oder des Endes der Ausbildung.

Schließlich die schönsten Momente in den Jahren rund um das Ende der Schulzeit.

Und endlich die schönsten Momente in der Jugend, frühen Jugend und Kindheit. Nicht vergessen: Machen Sie sich Notizen dazu!

Lesen Sie all Ihre Notizen kurz vorm Schlafengehen mindestens einmal, vielleicht sogar zwei- oder dreimal. Sobald Sie das Licht gelöscht haben, weil Sie ja müde sind und einschlafen wollen, denken Sie an Ihre Notizen! Und machen Sie im Geiste einen Film daraus, nun in chronologischer Reihenfolge, also beginnend mit den schönsten Momenten in Ihrer Kindheit. Bei jedem zeitlichen Sprung der Gegenwart entgegen oder auch bei anderen Szenenwechseln denken Sie bitte (ohne es aber hörbar auszusprechen): »Ich bin dankbar, dass ich lebe.«

Falls der Gedanke der Dankbarkeit angesichts der Tatsache, dass Sie leben, immer noch gemischte Gefühle in Ihnen hervorruft, lassen Sie diese möglichst schnell wieder los, um sich im Geiste mit der nächsten freudvollen Erinnerung zu befassen.

Ja, ich meine das so simpel, wie ich es schreibe: Schlafen Sie mit diesem Gedanken ein und nicht mit irgendwelchen anderen, die Sie womöglich noch haben könnten, weil das Denken beim Einschlafen die Tendenz hat, abzuschweifen.

Sie schaffen das vielleicht beim ersten Mal nicht hundertprozentig, aber schon viel besser beim zweiten Mal und dann noch viel besser ...

Am nächsten Morgen: Was denken Sie?
Womöglich gar nichts, weil Sie noch zu müde und verschlafen sind.
Oder: »Was für'n blöder Tag, keine Lust, aufzustehen.« Oder so ähnlich.
Ist okay. Hauptsache, hörbar sprechen Sie als ersten Satz aus: »Ich bin dankbar, dass ich lebe.«

Der nächste Gedanke danach ist vielleicht der: »So ein Schwachsinn. Für dieses Leben, dieses Generve mit dem Leben, werde ich doch nicht auch noch dankbar sein.«
Auch wenn ich derartige Gedanken nicht teile und überhaupt wenig attraktiv finde – aber wenn sie nun mal da sind, muss man sie zur Kenntnis nehmen.

Aber bitte: still. Sprechen Sie diese Gedanken nicht laut aus. Denn leise gedacht sind sie schon laut genug.

Genau so verfahren Sie von nun an jeden Abend: Notizen lesen, beim Einschlafen in einem Film verbildlichen und dazwischen immer wieder denken: »Ich bin dankbar, dass ich lebe«, und jeden Morgen direkt nach dem Aufwachen hörbar sagen: »Ich bin dankbar, dass ich lebe.«
Und zwar so lange, bis Sie verstanden haben, was Sie da sagen. Nicht bloß intellektuell, also mit dem Kopf, sondern mit dem Herzen und im Herzen.

Wann wird das sein?

Keine Sorge, dazu kommen wir später.
Doch dies sei schon jetzt gesagt: Undankbarkeit gegenüber dem Leben hilft niemandem, am wenigsten Ihnen. Nicht in diesem Leben. Nicht im nächsten. Umso heilsamer ist es, wenn wir unsere gedankliche Haltung dazu heilen.

Methode 2:
Der Mutter verzeihen

Das ist womöglich alles andere, nur nicht einfach: der eigenen Mama, also der leiblichen Mutter, zu verzeihen.

Vielleicht, weil sie gar nicht da war, sondern an ihrer Stelle eine Adoptivmutter. Vielleicht, weil sie zwar da war, aber ihre Anwesenheit sich als weitgehend unerfreulich erwiesen hat. Vielleicht, weil sie sich wenig liebevoll verhalten hat, immer wieder auch ungerecht, Geschwister möglicherweise bevorzugt hat. Vielleicht, weil sie geschlagen oder andere Dinge getan hat, die man besser nicht aufschreibt, weil sie dann noch schlimmer erscheinen.

Mütter, das weiß ich durch meine Arbeit, können sehr grausam sein.

Kinder, das weiß ich auch durch meine Arbeit, können unglaublich verletzt und traurig und wütend über die

Lieblosigkeiten, Ungerechtigkeiten und Grausamkeiten ihrer Mütter sein.
Kinder können noch als Erwachsene so verletzt und traurig und wütend in Zusammenhang mit ihrer Mutter sein, dass es sie krank macht.
So krank, dass sie dringend Hilfe brauchen.

Wenn Sie, liebe Leserin, lieber Leser, Trauer oder Wut gegenüber Ihrer Mutter empfinden, wenn Sie sich von ihr verletzt fühlen, wenn Sie einen Schmerz empfinden, sobald Sie an Ihre Mutter denken, dann empfehle ich Ihnen, auf die folgende Weise zu handeln:
Gehen Sie zu einer Brücke über einen Bach oder an eine sehr windige Stelle auf einem Hügel oder Ähnlichem. Auf dem Weg dahin sammeln Sie ein, zwei Hände voll Blätter in eine Tüte.
Wenn Sie auf der Brücke oder auf dem Hügel angekommen sind, greifen Sie ein Blatt aus der Tüte, legen Sie es zwischen Ihre Hände, und denken Sie an ein besonders unangenehmes Erlebnis mit Ihrer Mutter, während Sie weiterhin das Blatt halten und sich vorstellen, dass Sie dieses Blatt nun mit der negativen Erinnerung aufladen. Tatsächlich strömt die negati-

ve Erinnerung jetzt in das Blatt. Erinnern Sie sich so konkret wie möglich und lassen Sie die Erinnerung so bewusst wie möglich ins Blatt strömen.

Wie das geht? Indem Sie das ganz einfach denken.

Nach kurzer Zeit, die Sache dauert keine Ewigkeit, ist das Überschreiben der Erinnerung vollbracht.

Dann lassen Sie das Blatt in den Bach fallen. Oder vom Wind davontragen.

Blicken Sie dem sich von Ihnen entfernenden Blatt hinterher.

So entfernt sich jetzt auch diese Erinnerung. Oder vielmehr der negative Impuls in der Erinnerung. Denn Sie werden sich auch in Zukunft noch an den eigentlichen Vorfall erinnern können. Aber Schmerz, Trauer und Wut werden nicht mehr damit verbunden sein, wenn Sie jetzt auch noch hörbar sagen: »Liebe Mutter, ich verzeihe dir nun, dass du ...«

Sprechen Sie hörbar und klar aus, was genau es zu verzeihen gibt.

Wiederholen Sie diese Methode, bis nichts mehr übrig ist, was es der Mutter noch zu verzeihen gäbe.

Methode 3:
Dank an die Mutter

Wenn Sie kein Bild Ihrer Mutter haben, dann bitte ich Sie, sich eines zu besorgen. Falls das nicht oder nicht mehr möglich ist, dann empfehle ich Ihnen, Ihre Mutter zu malen. Und sei es als Kreis mit zwei Punkten als Augen, zwei Strichen als Nase und Mund, worunter Sie »meine Mutter« schreiben.
Klingt seltsam, ich weiß. Doch selbst Letzteres hilft.

Tragen Sie das Bild Ihrer Mutter nun zwei Wochen am Körper, um mindestens einmal pro Tag darauf zu blicken und konzentriert an Ihre Mutter zu denken.
Denken Sie fünf, zehn, höchstens fünfzehn Minuten lang an Ihre Mutter, und vergegenwärtigen Sie sich, was Ihnen Ihre Mutter gegeben hat.
Ganz gewiss hat Ihre Mutter Sie empfangen.
Das ist dankenswert. Finde ich. Sie ja hoffentlich inzwischen zunehmend auch.

Ihre Mutter ist mit Ihnen schwanger gewesen – es sei denn, eine Leihmutter hat Sie ausgetragen, was aber eher selten ist. Auch die Schwangerschaft Ihrer Mutter mit Ihnen ist dankenswert.

Und Ihre Mutter hat Sie geboren, wahrscheinlich unter großen Schmerzen. Auch das ist in höchstem Maße dankenswert. Allein schon, weil Sie sonst ja nicht da wären. Nicht in diesem Leben. Nicht auf dieser Welt.

Ich finde das großartig. Ein guter Grund zum Danken.

Ihre Mutter hat Sie dankenswerterweise auch genährt. Vielleicht Ihrer Meinung nach nicht in einem ausreichenden Maße. Oder auf eine Art, die Ihnen rückblickend nicht so gut gefällt.

Kann ich gut verstehen. Mütter sind ja nicht selten heillos überfordert. Und in ihrer Überforderung machen sie die seltsamsten Sachen. Zum Beispiel ihre Kinder vernachlässigen.

Ich war bei einigen Geburten dabei und habe »Das Buch der Ankunft – der Weg der Seele bis zur Geburt« geschrieben, mich also sehr intensiv mit den Themen Schwangerschaft und Geburt befasst. Und dennoch behaupte ich: Wer noch nicht selbst ein Kind zur Welt gebracht hat, hat keine Ahnung, was das eigentlich bedeutet – auch im Sinne einer Traumatisierung durch die Geburt.

Diese Traumatisierung betrifft immer beide: Mutter und Kind. In der Folge kommt es nicht selten zu großen Missverständnissen.

Ein Missverständnis von Müttern ist es, zu glauben, ihr Kind nicht lieben zu können.

Ein Missverständnis von Kindern ist es, zu glauben, ihre Mutter nicht lieben zu können. Auch der Gedanke, diese meine Mutter ist leider die falsche. Eine andere, womöglich jede andere, wäre für mich besser gewesen. Solche Aussagen können logisch klingen, als die logische Folge einer schlimmen Kindheit mit einer schlimmen Mutter.

Doch nur weil es folgerichtig klingt, ist es deshalb noch nicht gesund. Das gestörte Verhältnis zum Kind ist leidvoll für die Mutter. Und das gestörte Verhältnis zur Mutter ist sehr ungesund für das Kind.

Daran kranken wirklich sehr viele Menschen: an einer gestörten Mutter-Kind-Beziehung.

Mütter, die Probleme mit ihren Kindern haben, hatten als Kinder wahrscheinlich ähnliche Probleme mit ihrer Mutter. Kinder, die Probleme mit ihrer Mutter haben, werden womöglich später mit ihren eigenen Kindern verwandte Schwierigkeiten erleben.

Ja, auch davon handelt Karma: wie problematische Impulse von einer Generation an die nächste weitergegeben, gewissermaßen vererbt werden.

Daher ist es hilfreich, diese Probleme in diesem Leben, also jetzt, zu überwinden und aufzulösen.

Zum Beispiel, indem man des Geschenk des eigenen Lebens durch die Mutter schätzen lernt.

»Liebe Mutter, ich danke dir dafür, dass du mich empfangen hast.

Liebe Mutter, ich danke dir dafür, dass du mit mir schwanger warst.

Liebe Mutter, ich danke dir dafür, dass du mich geboren hast.

Liebe Mutter, ich danke dir dafür, dass du mich genährt hast – auf deine Art.

Liebe Mutter, ich danke dir für die Liebe, die du mir gegeben hast – auf deine Weise.

Liebe Mutter, ich danke dir für alles, was du mir gegeben hast.«

So oder so ähnlich denken Sie, liebe Leserin, lieber Leser, bitte, wenn Sie das Foto Ihrer Mutter anschauen und sich vergegenwärtigen, was Ihre Mutter Ihnen gegeben hat. Sie hat Ihnen Talente vererbt und Sie in Neigungen bestärkt.
Finden Sie die Erinnerungen daran in sich, und machen Sie sich diese bewusst – immer wenn Sie das Bild Ihrer Mutter anschauen. Etwa zwei Wochen lang Tag für Tag.

Dann sind Sie reif für das folgende Ritual:

An einem Ort Ihrer Wahl – er sollte ruhig sein, das Telefon ausgeschaltet – knien Sie sich auf den Boden. Falls Sie das aus körperlichen Gründen nicht können, dann knien Sie in Ihrer Vorstellung.
Sie knien sich hin, um Ihrer Mutter nun rituell zu danken. Dafür sehen Sie Ihre Mutter vor Ihrem geistigen Auge. Ihre Mutter steht oder sitzt vor Ihnen, nur Sie selbst knien. Auf den Knien, also in einer Haltung der Demut, blicken Sie in Ihrer Vorstellung zu Ihrer Mutter auf. Vielleicht sehen Sie Ihre Mutter so, wie sie in jungen Jahren ausgesehen hat. Oder als ältere, womöglich

alte Frau. Wie auch immer Sie Ihre Mutter sehen, nehmen Sie Ihre Mutter so genau wie möglich wahr.

Das ist Ihre Mama, die Mama, die Sie empfangen, die Sie ausgetragen, die Sie geboren hat. Und Sie knien nun vor ihr, um ihr zu danken. Dafür und für alles andere, was sonst noch dankenswert ist im Zusammenhang mit Ihrer Mutter.

Mit dem Blick auf Ihre Mutter sprechen Sie nun hörbar folgende Sätze:

»Liebe Mama, so knie ich nun vor dir, um dir zu danken.

Ich danke dir dafür, dass du mich empfangen hast.

Ich danke dir dafür, dass du mit mir schwanger warst.

Ich danke dir dafür, dass du mich geboren hast.

Ich danke dir dafür, dass du mich in dieser Welt willkommen geheißen hast – auf deine Art.

Ich danke dir für die Liebe, die du mir gegeben hast – auf deine Art.«

Danach danken Sie Ihrer Mutter für alles, was Ihnen an Dankenswertem noch einfällt.

Zum Abschluss des Rituals verneigen Sie sich einmal vor Ihrer Mutter, bis Ihre Stirn den Boden berührt.

Sie sind bei diesem Ritual nicht allein. Die Engel und die gütigen Geister sehen zu, Ihre Mutter spürt Ihre Handlung, und auf einer tiefen Ebene Ihres Selbst kommt Ihre rituelle Handlung bei ihnen an und trägt heilsame Früchte. Das weiß ich sicher. Auch aus eigener Erfahrung.

Wiederholen Sie dieses Ritual bei Bedarf an drei aufeinanderfolgenden Tagen. Oder an fünf Tagen. Höchstens aber an sieben Tagen in Folge.

Danach vergessen Sie es.

Methode 4:
Dem Vater verzeihen

Vielleicht war Ihr Vater in Ihrer Kindheit als Vater anwesend, doch Sie, liebe Leserin, lieber Leser, haben wenig davon gespürt.

Vielleicht war der Vater abwesend und hat auch nicht die geringste Neigung gezeigt, häufiger anwesend zu sein.

Vielleicht war der Vater anwesend, aber es wäre nach Ihrem Empfinden besser gewesen, wenn er häufiger abwesend gewesen wäre, denn wenn er da war, war das weniger schön.

Vielleicht hat Ihr Vater seine Anwesenheit vor allem lautstark kundgetan, durch Herumschreien, rigides Verhalten auf seelischer Ebene oder sehr direkt körperlich, als erzieherischer Schläger, der manchmal oder häufig über Grenzen ging, vor allem Ihre kindlichen Grenzen.

Vielleicht hat Ihre Mutter am meisten unter der Anwesenheit Ihres Vaters gelitten, Ergebnis einer wenig liebevollen Beziehung, bei der Sie vor allem als ständiger Schlichter elterlicher Streitigkeiten gefordert waren.

Vielleicht denken Sie nur ungern an Ihren Vater. Und falls doch, dann spüren Sie Trauer und Wut.

Ihr Vater, der allmächtige Patriarch der Familie – als wäre er Gott. Hat er nicht manchmal so getan? Wie von höchster Instanz geweiht? Vor allem, wenn es ihm in den Kram passte? Doch leider fehlte ihm dann manchmal die göttliche Geduld. Oder die göttliche Hingabe. Oder ganz einfach die Fähigkeit, zuzuhören. Oder es fehlte ihm der Grundimpuls zur Zärtlichkeit. Dafür muss man ja auch nicht göttlich sein, sondern einfach nur ein Mensch, ein zarter und deshalb auch zärtlicher Mensch. Doch so einer war Ihr Vater womöglich nicht. Und deshalb hat man die eine oder andere göttliche und andere für Sie als Kind wichtige Fähigkeiten bei ihm vergeblich gesucht.

Daher kommt womöglich diese Trauer, vielleicht sogar Wut, auf Ihren Vater – bis heute.

Gegenüber dem Vater bleibt man ja immer Sohn oder Tochter, also im Herzen noch ein Kind, sogar noch mit fünfzig oder siebzig, falls der Vater so lange lebt. Und solange er lebt, trägt man die Wut auf ihn mit sich herum und die Trauer in Bezug auf ihn.

Der eigene Erzeuger kann einem also ziemlich lange die Stimmung verhageln.

Das ist etwas lapidar ausgedrückt. Doch so beiläufig ist es nicht gemeint. Denn Wut auf den eigenen Vater, Trauer über sein Verhalten, eigentlich längst verjährt nach all den Jahren, doch seltsamerweise immer noch präsent – das kann einem sehr zu schaffen machen. Es kann einen krank machen, schwerstkrank sogar.

Umso wichtiger ist es, daran zu arbeiten.

Ach, ihr vielen überforderten Väter, Kinder von ebenfalls überforderten Vätern! Männer, die Angst vor Frauen haben und Angst vor mangelnder Männlichkeit; Männer, die davon träumten, die Welt aus den Angeln zu heben, doch echte Schwierigkeiten damit haben, ihrer Vaterrolle gerecht zu werden – ihr tut mir leid.

Es gibt viele Väter, mit denen man Mitleid haben kann.

Haben Sie Mitleid mit Ihrem Vater?

Bitte: Vergegenwärtigen Sie sich jetzt den Lebensweg Ihres Vaters, so detailliert Sie es vermögen.
Was hat den Lebensweg Ihres Vaters maßgeblich geprägt? Warum ist er so geworden, wie Sie ihn erlebt haben?

Dann meine nächste Frage: Haben Sie Verständnis für Ihren Vater?

Falls Ihre Antwort ein Nein ist, so ist Ihr Versuch, sich ins Leben Ihres Vaters hineinzuversetzen, – ich weiß, das klingt vielleicht hart und anmaßend – ganz einfach mangelhaft.
Dafür gibt es wahrscheinlich gute Gründe. Mangelnde Kenntnis ist fast immer der Hauptgrund. Sie wissen zu wenig über Ihren Vater. Sie kennen ihn zu wenig. Was Sie wissen und was Sie kennen, gefällt Ihnen vielleicht nicht.
Verstehe. Ich will Ihnen Ihren Vater nicht schönreden. Doch gebe ich zu bedenken, liebe Leserin, lieber Leser, es geht hier ja um Sie. Es geht um Ihr Karma. Um Ihre Möglichkeiten, es zu heilen, und damit Ihre Chance, in Ihrem Leben gesünder zu sein, mit Ihrem

Leben gesünder umzugehen. Ich rede also nur um Ihretwillen darüber.

Nur deshalb ist Mitgefühl gegenüber dem Vater und Verständnis für seinen Lebensweg, also auch Verständnis für sein Verhalten Ihnen gegenüber, von zentraler Wichtigkeit.

Deshalb bitte ich Sie nun, während der nächsten zwei Wochen ein Bild Ihres Vaters bei sich zu tragen. Tragen Sie es in einem Medaillon direkt am Körper, in der Brieftasche oder sonst wo. Hauptsache, Sie können es schnell und unkompliziert zur Hand nehmen, um es anzuschauen.
Blicken Sie auf das Foto, studieren Sie das Bild Ihres Vaters. Wer war er? Wer ist er? Was hat er getan? Was Ihnen womöglich angetan? Vergegenwärtigen Sie sich so viele Ereignisse und Details wie möglich. Wenn Sie auf etwas Unangenehmes stoßen, einen Schmerz in Verbindung mit der Erinnerung an Ihren Vater, eine alte Wunde, von ihm zugefügt, auch Wut ihm gegenüber, dann halten Sie bitte inne, um sich das betreffende Ereignis genauer vor Augen zu führen.

Und dann versuchen Sie, Ihrem Vater sein für Sie schmerzhaftes Verhalten zu vergeben.

Formulieren Sie im Geiste einen Satz, der so beginnt: »Vater, ich vergebe dir nun, dass du …«

Sprechen Sie diesen Satz hörbar aus. Versuchen Sie zu meinen, was Sie sagen. Sprechen Sie den Satz mehrfach, bis er wahrhaftig klingt.

Vergeben ist eine Kunst. Womöglich die größte Kunst und Herausforderung des Lebens überhaupt. Sich in dieser Kunst nicht zu üben, bringt großes Leid. Also, bitte, versuchen Sie sich in dieser Kunst …

Verfahren Sie täglich genau so: Foto anschauen, Vater-Erinnerung wecken, Sätze des Verzeihens wagen. Und: Wahrnehmen, wie Sie sich damit fühlen!

Methode 5:
Dank an den Vater

Nun sind Sie imstande, noch einen Schritt weiterzugehen: Ihrem Vater zu danken.
Allein, dass er Sie gezeugt hat, ist dankenswert. Okay, besonders schwergefallen ist ihm das sicher nicht. Die Zeugung ist keine Heldentat wie die Geburt. Und doch: Sie ist dankenswert. Allein, weil es Sie ohne Zeugung nicht gäbe.

Kann sein, dass Ihr Vater sich in den Augen der Welt einiges zu Schulden kommen lassen hat. Doch was auch immer der Vater angestellt hat, er bleibt der Vater. Diese Feststellung kann durchaus eine Herausforderung darstellen.
Vor allem, wenn der Vater sich auch gegenüber seinen Kindern etwas zu Schulden kommen lassen hat. Wenn er über Grenzen gegangen ist, nicht nur Grenzen des guten Geschmacks, und sich vielleicht sogar an seinen Kindern vergangen hat.

Das wäre ein Verbrechen. Und sollte als Verbrechen verfolgt werden.

Aber nicht von Ihnen.

Sie sind kein Staatsanwalt und nicht der Richter Ihres Vaters.

Sie sind der Sohn oder die Tochter des Vaters, sein Kind. Und als Kind gibt es gegenüber dem eigenen Vater nur eine gesunde Haltung: Dankbarkeit. Dank für das, was dankenswert ist. Wie auch immer sich der Vater verhalten hat – es gibt das Dankenswerte in Verbindung mit ihm.

Dies zu erkennen, ist heilsam.

Daher bitte ich Sie, zur Heilung Ihres eigenen Karmas Folgendes zu tun:

Knien Sie sich auf den Boden, um Ihrem Vater rituell zu danken. So, wie Sie es mit Ihrer Mutter bereits zelebriert haben.

Dafür sehen Sie ihren Vater vor Ihrem geistigen Auge. Ihr Vater steht oder sitzt vor Ihnen, nur Sie selbst knien. In Demutshaltung blicken Sie im Geiste zu Ihrem Vater auf.

Das ist der Vater, der sie gezeugt hat, und allein diese Tatsache ist dankenswert. So knien Sie nun vor ihm, um ihm zu danken. Dafür und für alles andere, was sonst noch dankenswert ist.

Im Hinblick auf Ihren Vater sprechen Sie nun hörbar folgende Sätze:

»Lieber Papa, so knie ich nun vor dir, um dir zu danken.

Ich danke dir dafür, dass du mich gezeugt hast.

Ich danke dir dafür, dass du mich in dieser Welt willkommen geheißen hast – auf deine Art.

Ich danke dir für die Liebe, die du mir gegeben hast – auf deine Art.«

Danach danken Sie Ihrem Vater für alles, was Ihnen an Dankenswertem noch einfällt.

Zum Abschluss des Rituals verneigen Sie sich einmal vor Ihrem Vater, bis Ihre Stirn den Boden berührt.

Auch bei diesem Ritual sind Sie nicht allein. Die Engel und die gütigen Geister sehen zu, Ihr Vater ist auf eine heilsame Weise präsent.

Wiederholen Sie dieses Ritual bei Bedarf an drei aufeinanderfolgenden Tagen. Oder an fünf Tagen, höchstens aber an sieben Tagen in Folge.

Methode 6:

Was es einigen Menschen zu sagen gilt

Ich weiß nicht, wie Sie das sehen, liebe Leserin, lieber Leser, aber ich bin mit der Möglichkeit des Ablebens im Reinen und dementiere die prinzipielle Nähe meines Todes daher nicht. Im Gegenteil freue ich mich über diese unterschwellige Ermunterung zu einem bewussteren und freudvolleren Leben, das ja jederzeit enden kann, aus dem es also für die verbleibende Zeit das Beste zu machen gilt.

Für mich ist der Tod also ein freundlicher Ratgeber.

Was ist der Tod für Sie?

Wenn Sie diese Frage nicht eindeutig beantworten können, dann gebe ich Ihnen im Sinne des Karma Healing den Rat, sich umso intensiver mit der nun folgenden Fragestellung zu befassen. Auch wenn Sie sich bester Gesundheit erfreuen, liebe Leserin, lieber

Leser, nehmen Sie einmal an, Sie hätten nur noch wenige Tage zu leben. Das liegt ja durchaus im Bereich des Möglichen, weil halt niemand weiß, wie lange er oder sie noch lebt.

Ich nicht.

Sie auch nicht.

Angenommen, Sie hätten nur noch wenige Tage zu leben: Welchen zehn, höchstens zwanzig Menschen haben Sie unbedingt noch etwas zu sagen?

Außer Ihren Eltern gibt es noch andere Menschen, denen Sie Ihren Dank aussprechen sollten. Es gibt weitere Menschen, die Sie um Verzeihung bitten sollten, bevor es dafür zu spät ist – jedenfalls in diesem Leben. Und gewissen Menschen aus Ihrem Bekanntenkreis Ihre volle Wertschätzung kundzutun, wäre auch einmal sehr angebracht. Es wäre wahrscheinlich auch sehr heilsam, Ihren Liebsten zu sagen, was Sie besonders an ihnen lieben. Heilsam für Ihre Liebsten und auch für Sie selbst. Und womöglich gibt es Geheimnisse, Menschen aus Ihrem unmittelbaren Umfeld betreffend, die den Betroffenen mitgeteilt werden sollten, solange dies möglich ist.

Das bitte ich Sie, während der nächsten drei bis sieben Tage zu tun: Diese zehn bis höchstens zwanzig Menschen, denen Sie etwas sehr Wichtiges zu sagen haben, zu treffen, sie anzurufen oder ihnen einen Brief, eine Mail oder eine SMS zu schreiben. Und zwar in dieser Prioritätenfolge: Wenn ein Treffen unmöglich ist, zum Beispiel wegen geografischer Ferne, dann rufen Sie an. Wenn Anrufen unmöglich ist, dann schreiben Sie einen Brief. Wenn ein Brief aus irgendwelchen Gründen nicht geht, dann klappt es hoffentlich per E-Mail. Eine SMS empfinde ich persönlich nicht als geeignetes Medium, um etwas sehr Wichtiges mitzuteilen, doch ich kann mich dabei auch irren.

Ich muss wahrscheinlich nicht weiter betonen, wie wichtig diese Mitteilungen für die Heilung Ihres Karmas sind – oder?

Methode 7:
Sie sind eine Leuchte

Wie fühlen Sie sich?

Machen Sie mir bitte die Freude, und beantworten Sie nun im Geiste die Frage, wie Sie sich fühlen. Und zwar so ehrlich wie möglich.
Teil der Antwort ist eine momentane Bestandsaufnahme, die »schlecht« lauten kann oder »krank«, »bestens« und »kerngesund«, aber auch »fahrig«, »unkonkret«, »konturlos«, »nebulös« oder im Gegenteil »präsent«, »wach«, »vollständig da« und »ganz bei der Sache«.
Hinzu kommt wahrscheinlich ein Empfinden, gefärbt von der jüngeren Vergangenheit. Das widerspricht den momentanen Gefühlen meistens nicht, sondern verleiht ihnen eine zeitliche Dimension. Daraus resultieren Sätze wie: »Dieser Tage bin ich ganz gut mit mir.« Oder: »Es sind zwar keine einfachen Zeiten, aber ich genieße sie.« Oder: »Dies ist eine der glücklichsten Phasen meines Lebens.«

Momentane Empfindungen und längerfristige Befindlichkeiten widersprechen einander so gut wie nie, doch ein persönliches Grundgefühl kann durchaus in einem Reibungsverhältnis zu Empfindungen und Befindlichkeiten stehen. So kann ein Mensch grundsätzlich lebensmüde sein, aber immer wieder sehr viel Spaß am Leben haben. Man kann die Welt grundsätzlich für schlecht halten, einen groß angelegten Irrtum, irgendwie negativ und wo man hinschaut zerstörerisch, um ihr in bestimmten Momenten und gewissen Zeiten sehr liebevoll zugewandt zu sein und sie auch genau so zu nehmen und zu genießen. Man kann behaupten, in dieser Welt gebe es keinen Gott oder keine gottgleiche Kraft. Man kann an seiner Gottlosigkeit im Innersten verzweifeln und gleichzeitig Gott und das Gute, die Hoffnung und die Liebe in allem, was ist, suchen und immer wieder meinen, es auch zu finden. All das ist möglich, weil Menschen viele Seelenschichten und Gefühlsebenen haben, weil sie sich über ihre Gefühle und ihre Seele Gedanken machen und diese Gedanken weitere Gedanken beeinflussen, aber auch Gefühle und somit auch die Seele und nicht zuletzt den Geist.

Es gibt also eine Menge Möglichkeiten auf all diesen Ebenen, durcheinanderzukommen und Verwirrung zu stiften.

Und genau das haben wir in manchen Momenten und gewissen Zeiten auch erlebt, Sie, liebe Leserin, lieber Leser, und ich. Wir haben etwas gedacht und etwas anderes gefühlt und womöglich noch etwas anderes gesagt. Und was wir gefühlt, gedacht und gesagt haben, hat sich wiederum irgendwie angefühlt. Nicht selten widersprüchlich.

Verstehe. Dann geht es Ihnen wie mir, und Sie sind ganz einfach lebendig.

Das ist eine sehr gute Nachricht.

Es könnte ja auch anders sein. Denn Sie könnten tot sein. Das wäre, ich vermute, Sie geben mir recht, sehr bedauerlich. Allerdings auch nicht zu ändern. Mit dem Tod ist dieses Leben jedenfalls vorbei. Von der Möglichkeit der Wiedergeburt wollen wir hier erst mal nicht reden. Es reicht ja zu wissen, dass dieses Leben dann endet und man nicht genau weiß, was weiter wird.

Das sage ich auf eine etwas andere Art, als ich es schon gesagt habe, weil nicht wenige Menschen ihr

Leben sterben. Sie verhalten sich zu Lebzeiten, als wären sie schon tot. Empfindungstot, gefühlserkaltet und gedankenverstorben. Diese Strategie des Sich-tot-Stellens empfinde ich als die furchtbarste Art des Ablebens überhaupt. Sehr ungünstig fürs Karma, kann ich Ihnen sagen.

Deshalb meine Bitte: Seien Sie lebendig, und nutzen Sie Ihre Lebendigkeit, um sich nun so eindeutig wie möglich Ihre momentane Befindlichkeit zu vergegenwärtigen. So umfassend, also auf allen zugänglichen Ebenen, wie möglich.

Und wenn Sie das getan haben, bitte ich Sie, den folgenden Absatz zu lesen und wie dort beschrieben zu verfahren:
Wenden Sie Ihr Gesicht einer Lichtquelle zu, am besten der Sonne, und schließen Sie die Augen, um sie dann gerade so weit zu öffnen, dass Sie einen hellen Schimmer sehen. Mehr eine Vorstellung von Helligkeit als das Sonnenlicht selbst oder das Licht einer anderen Quelle – sozusagen eine Mischung aus lichter Vorstellung und physisch einfallendem Licht.

Dann ruhen Sie in der Betrachtung dieses gleichzeitig imaginierten und erblickten Lichts, um sich nun vorzustellen, dass dieses Licht in Ihren Körper strömt. Es strömt in Ihren Kopf, strömt in Ihren Hals, fließt, wie nur dieses vorgestellte Licht fließen kann, in Ihren Brustkorb, füllt Ihren Brustkorb, erfüllt Ihr Herz, strömt in Ihre Lunge, auch in den rechten Arm und den linken, strömt in Ihren Bauch, flutet die Organe in Ihrem Bauch mit Licht, strömt in Ihren Unterleib, ins rechte und ins linke Bein, um Sie schließlich vollständig zu erfüllen.

Dies ist eine Vorstellung, doch als lichte Vorstellung ist sie stark – und: In Ihr tägliches Leben integriert, verändert sie Ihr Leben und in der Folge auch Ihr Karma.

Wenn Sie vollständig von Licht durchflutet sind – in Ihrer Einbildung als lichtes Selbstbild –, dann stellen Sie sich bitte vor, dass Sie zu leuchten beginnen, aufleuchten wie eine Glühbirne in menschlicher Form, heller, immer heller und noch heller. So hell, dass Sie schließlich zu strahlen beginnen.

Stellen Sie sich vor, dass Sie leuchten und aufleuchten, bis Licht aus allen Ihren Poren strahlt.

Diese konzentrierte Vorstellung, zu strahlen, verändert etwas in Ihrem Energiefeld. Es wird weiter, und Sie beginnen, Energie auszustrahlen. Der Zustand energetischen Strahlens ist das feinstoffliche Pendant zum Zustand der Liebe.
Liebend strahlen wir.
Wenn wir strahlen, werden wir zu Liebenden.

Je mehr der Zustand des Strahlens zum allgemeinen, alltäglichen Daseinszustand wird, desto liebevoller wird unser Leben. Umso mehr Liebe können wir geben. Und auch empfangen.

Es ist nicht möglich, zu strahlen und gleichzeitig als »Charakterschwein« zu agieren, denn die Haltung des Strahlens löst negative Blockaden und hilft, negative Verhaltens- und Instinktmuster zu überwinden. Das Gewahrsein des Strahlens für kurze Zeit zu erreichen, ist einfach, es jedoch auf den Tag auszudehnen, ist nicht ganz so einfach.
Versuchen Sie es! Allein der Versuch ist heilsam. Von nun an täglich, dann werden Sie eine ganz große Leuchte.

Methode 8:
Seien Sie anderen eine Leuchte

Im Zustand des Strahlens, begleitet von dem Bewusstsein, dass Sie strahlen, mit dem Gedanken, dass Sie strahlen, wissend, dass Sie strahlen, sind Sie als große Leuchte unterwegs – was ich nicht ironisch verstanden wissen will, sondern absolut ernsthaft.

Schließlich laufen draußen ja schon genug Leute herum, die der Welt wie schwarze Löcher Licht entziehen. Weil das nun mal so ist und Sie und ich das wissen, wäre es ja schön, wenn Sie und ich es in diesem Wissen genau anders machten, indem wir der Welt Licht und Energie geben.

Durch unsere Vorstellung, wie im Kapitel zuvor geübt.

Und durch unsere mentale Haltung, Thema dieses Kapitels.

Wie das?

Ganz einfach: Vergegenwärtigen Sie sich bitte, dass Sie eine große Leuchte sind, indem Sie im Zustand des Strahlens Ihr Haus oder Ihre Wohnung für einen längeren Ausflug verlassen. Am besten in die nächstgrößere Stadt.

Während der Reise dorthin erhalten Sie den Zustand des Strahlens aufrecht, indem Sie immer wieder daran denken, sich vorstellen, dass Licht aus Ihren Poren tritt und Sie energetisch leuchten.

Beobachten Sie genau, wie Sie sich fühlen. Vor allem, wenn Sie auf fremde Menschen treffen. Ja, nehmen Sie jede Begegnung bitte so aufmerksam wie möglich wahr in Ihrem strahlenden Zustand.

Üben Sie dies während der nächsten Tage: auch bei Begegnungen mit vertrauten und fremdem Menschen zu strahlen.

Methode 9:

*Sich selbst in allen anderen sehen –
oder alle anderen in einem selbst*

Machen Sie bitte wieder einen Ausflug in die nächstgrößere Stadt. Sie kennen sich ja aus. Suchen Sie dort einen Ort auf, wo Ihnen sicher (in sämtlichen Bedeutungen des Wortes) Menschen begegnen werden, die Sie womöglich nicht so sympathisch finden. Ich weiß, das klingt politisch unkorrekt. Wir sollen ja alle Menschen lieben. Vor allem jene, die von der Gesellschaft benachteiligt scheinen, verdienen unser Mitgefühl. Richtig: Genau darum geht es hier.

Gleichermaßen ist diese Übung (und es ist eine, Sie werden sehen) keine Einladung, sich vorsätzlich in schlechte oder sogar ungesunde Gesellschaft zu begeben. Ich denke, Sie wissen, wovon ich rede: Ein Viertel, eine Straße, eine U-Bahn-Station von der nicht ganz so sauberen Sorte. Ein Ort, an dem Menschen mit nicht ganz unproblematischen Biografien zusammenkommen – um es sanft auszudrücken.

Suchen Sie genau so einen Ort nun im Zustand des Strahlens auf. Sie können das, ich bin sicher, denn Sie haben es lange genug geübt.

Gehen Sie also als Leuchte an so einen Ort, und schauen Sie sich die Menschen dort sehr genau an. Es geht nicht darum, die Menschen anzustarren und mit voyeuristischer Neugier abzustrafen, sondern sie vielmehr respektvoll zur Kenntnis zu nehmen.

Ja, zur Kenntnis zu nehmen, und zwar mit folgendem Gedanken:

Dieser Mensch, sein Schicksal, das Drama seines Daseins, was auch immer er oder sie erlebt hat – es ist ein Teil von mir. Es ist in mir. Es muss in mir sein, denn wir beide sind Menschen, verbunden mit der Menschenseele und der Quelle allen Menschseins. Wir sind eins. Er und ich, wir sind als Menschen in unserer Menschlichkeit verbunden. Und als Mensch ist mir nichts Menschliches fremd (sonst wäre ich ja keiner).

Wenn man einem Menschen begegnet, mit dessen Dasein man garantiert nicht tauschen möchte – und das ist im Zuge dieses Ausflugs nicht unwahrscheinlich –, so ist das Letzte, was einem dabei für gewöhnlich einfällt, mit genau diesem Menschen eins zu sein, eine Einheit zu bilden.

Doch im Sinne des Karmas ist es genau so. Gerade die Menschen, die wir am wenigsten mögen, haben am meisten mit uns und unserem Lebensweg zu tun. Dies als Tatsache an sich herankommen zu lassen, ist nicht immer einfach, doch umso heilsamer für unser weiteres Leben. Vor allem, wenn es im Zustand des Strahlens gelingt.

Dies ist eine zentrale Methode des Karma Healing, und sie stellt wahrscheinlich keine kleine Herausforderung dar – aber allein der Versuch einer menschlicheren Haltung ist schon heilsam.

Methode 10:
Die eigene Wahrnehmung steigern

In Seminaren, die ich zum Thema »Spirituelles Heilen« gebe, werde ich von Teilnehmern häufig zur sogenannten Hellsichtigkeit befragt.
Wie funktioniert das?
Kann man das Sehen der Aura trainieren?
Ist es möglich, weitere Kanäle intuitiver Wesensschau zu öffnen?
Natürlich, meine Arbeit dient auch genau dazu. Allerdings sehen wir immer genau so viel, wie wir sehen wollen. Oder vielmehr so viel, wie wir zu sehen ertragen.
Viele Menschen wünschen sich, die Aura sehen zu können. Und es ist grundsätzlich schön, Menschen in einem farbigen Feld wahrzunehmen. Doch nicht wenige Auren sind alles andere als schön, sie zeigen sich wie aufgeladen und eingetrübt durch Krankheit und Hoffnungslosigkeit, Trauer und Gewalt, Ohnmacht und Erniedrigung.

Will man das sehen?
Ehrliche Antwort: eher nicht.

Meiner Meinung nach heißt zu leben auch, sich mit dem Leben wirklich und wahrhaftig zu beschäftigen, weil ja dieses Leben eine Einladung ist, es zu leben und nicht etwa zu sterben. Das geschieht noch früh genug.
Also: Augen auf in diesem Leben und für dieses Leben!
Dafür würde ich vorschlagen, dass Sie, liebe Leserin, lieber Leser, die Ihren zunächst mit voller Absicht und Konzentration für einige Zeit schließen.
Lassen Sie sich von einem Menschen, dem Sie wirklich vertrauen, die Augen verbinden. Am besten so, dass Sie tatsächlich gar nichts mehr sehen (hilfreich sind dafür auch in der Apotheke erhältliche Augenpflaster).
Mit verbundenen Augen lassen Sie sich dann von dem Menschen Ihres Vertrauens eine Stunde lang herumführen.
Seien Sie dabei so achtsam wie möglich. Beobachten Sie, wie Ihre akustische Wahrnehmung gesteigert

wird. Nehmen Sie womöglich auftretende Ängste zur Kenntnis und vergegenwärtigen Sie sich, wie kostbar das Sehvermögen für Sie ist.

Nach einer Stunde lassen Sie sich Augenpflaster oder Augenbinde abnehmen und vermeiden dann für weitere dreißig Minuten oder länger fokussiertes Sehen möglichst. Schauen Sie also Ihre Begleitung nicht direkt an, auch keinen anderen Menschen oder sonst irgendwas. Blicken Sie auch nicht direkt zu Boden. Und wenn Sie in die Ferne gucken, dann schauen Sie mit einem 180-Grad-Panorama-Blick. Wenn Sie immer auf die optische Wahrnehmung an beiden Rändern Ihres Gesichtsfeldes achten, dann machen Sie es automatisch richtig. Diese Art des Sehens ist nicht anstrengend, anstrengend ist lediglich die Konzentration auf unfokussierte Wahrnehmung. Die alten Jäger sind so durch den Urwald gepirscht, auf das gesamte visuelle Wahrnehmungsfeld konzentriert, um keine Beutebewegung zu übersehen.

Doch Sie sind nicht auf der Pirsch, sondern auf einem Wahrnehmungsweg. In der Stadt wirkt der 180-Grad-Blick anders, weil die städtische Welt hochmobilisiert ist, also voller Bewegung. Fokussierung blendet einen Großteil davon aus. Unfokussiert ist in der Stadthektik also umso mehr los. Falls Sie dies überfordert, üben Sie die Methode in einem Park.

Nach den dreißig Minuten sind Sie bereit für das nächste Wahrnehmungsexperiment: das Sehen der Aura Ihrer Begleitperson. Unter weiterer Vermeidung fokussierten Sehens stellen Sie Ihre Begleitperson dazu vor eine weiße oder graue Häuserwand und sich selbst in einer Entfernung von drei bis fünf Metern davor. Schauen Sie auch jetzt Ihren Begleiter nicht direkt an, sondern blicken Sie etwa in Kopfhöhe unmittelbar an ihm vorbei. So, als wollten Sie durch Mensch und Wand hindurch etwas in der Ferne erblicken.

Es ist nahezu unmöglich, den hellen Lichtschein um die Person herum zu übersehen.

Wenn Sie die in diesem Kapitel beschriebenen Sehübungen in der Abfolge mehrmals, womöglich regelmäßig, wiederholen, werden Sie bald auch die Farben der Aura sehen.

Doch erschrecken Sie nicht, wenn Sie Aspekte der Persönlichkeit wahrnehmen, die Ihnen nicht angenehm sind. Tatsächlich haben Sie davon auch schon vorher gewusst, doch nun sind die weniger angenehmen Persönlichkeitsaspekte plötzlich unübersehbar in der Aura wahrnehmbar. Man kann sie nicht länger ignorieren, nicht länger ins Unterbewusste wegdrücken.

Auch das ist Karma Healing: wahrhaftige, ungeschönte Weltwahrnehmung, denn dafür, meine ich, sind wir hier. In diesen Körper mit seinen vollständigen Sinnen hineininkarniert, in dieses Leben hineingeboren.

Methode 11:
Gewohnheiten ändern

Gewohnheiten helfen uns dabei, über wiederholte Tätigkeiten nicht immer wieder neu nachdenken zu müssen. Gleichermaßen ermüden Gewohnheiten die Wachsamkeit, weil sie uns durch ihren Automatismus einlullen. Menschen, deren Leben weitgehend aus Gewohnheiten besteht, folgen daher einem Lebensautomatismus, der die Bezeichnung Leben nur in eingeschränktem Maße verdient.

Daher meine Frage: Welche Gewohnheiten haben Sie, liebe Leserin, lieber Leser?

Wie starr sind Ihre Gewohnheiten?

Haben Sie große Schwierigkeiten, Gewohnheiten bei Bedarf auch abzulegen, weil sie beispielsweise nicht in eine veränderte Lebenssituation passen?

Hilfreich ist, Ihre Antworten auf meine Fragen aufzuschreiben.

Hilfreich ist, überhaupt Antworten zu haben.

Ich behaupte, das Leben ist ein Schwebezustand. Kein Moment ist wie ein anderer – auch wenn es nicht selten so erscheint. Keine Situation ist wie eine andere – auch wenn es nicht selten so erscheint. Kein Mensch ist wie ein anderer – auch wenn man nicht selten Menschen in Schubladen einsortiert.

Gewohnheiten, welche auch immer es sind, also auch gute Gewohnheiten, verleihen dem Leben eine Statik und scheinbare Berechenbarkeit, die ihm in Wahrheit garantiert fehlt. Der Schwebezustand des Daseins erscheint in seiner vollen Dynamik immer wieder als eine Überforderung. Deshalb haben wir uns ja auch Gewohnheiten zugelegt. Mit unseren Gewohnheiten, so hoffen wir, bewegen wir uns sicherer und kräfteschonender durchs Leben.

Leider trügt dieser Schein.

Vordergründig scheint es dank Gewohnheiten vielleicht sogar ganz gut zu funktionieren. Aber nachhaltig entfernen wir uns durch Gewohnheiten vom Leben an sich.

Daher ist es sehr hilfreich und gesund, immer wieder mit Gewohnheiten zu brechen. Als Training, gewissermaßen spielerisch, auch in der Hoffnung, den Wert scheinbar unverzichtbarer, weil lebensnotwendiger Gewohnheiten neu zu prüfen. Denn das Überprüfen und Infragestellen alter Gewohnheiten ist ein Zeichen von Lebendigkeit. Dementsprechend ist Alter eigentlich ein Gefangensein in Gewohnheiten und weniger eine aussagekräftige Zahl.

In diesem Kapitel geht es also auch darum, Jugendlichkeit zu wagen, wenn wir über das Überprüfen von Gewohnheiten sprechen.

Ein wesentlicher Aspekt der Jugendlichkeit ist die Fähigkeit, zu staunen. Kleine Kinder können das. Mit großen Augen bestaunen sie alles und jeden. Die Welt erscheint ihnen so neu, dass sie verblüfft davor stehen. Sie bestaunen, was Erwachsene aus Gewohnheit nicht mehr wahrnehmen.

Denn genau das ist Alter: zu meinen, sich im Leben auszukennen, weil man das Leben gewohnt ist.

Daher lautet die Aufgabe zu diesem Aspekt des Karma Healing: Vergegenwärtigen Sie sich Ihre Gewohnheiten. Gewohnheiten im Bad, Gewohnheiten in der Küche, gemeinsame Gewohnheiten mit Ihrem Partner, womöglich mit Ihren Kindern, und Ihre Gewohnheiten im Beruf.

Die Wahrnehmung von Gewohnheiten ist nicht einfach, weil sie ja vertraut sind und sich eingeprägt haben, doch der bloße und hoffentlich auch erfolgreiche Versuch, sich die eigenen Gewohnheiten im Umgang mit der Welt bewusst zu machen, ist ein Abenteuer und weckt womöglich wieder die kindliche Fähigkeit des Staunens, vergessene Begeisterung und die Fähigkeit, sich aus vollem Herzen zu freuen.

Denn Gewohnheiten, so hilfreich sie auch erscheinen mögen, machen das Leben zu einem Gefängnis aus Vertrautem und Bekanntem. Der ehrliche Blick auf die Gitterstäbe des Altbekannten, Gewohnheitsmäßigen ist schon der erste Schritt in die Freiheit der Lebendigkeit. In Wahrheit ist das Leben zu lebendig und zu spontan, um durch Gewohnheiten kaserniert zu sein. Es macht keine Gefangenen. Nur Ängste, die Väter der falschen Gewohnheiten, tun dies. Und wenn wir uns daher wahrhaftig mit unseren Gewohnheiten befassen, reiben wir uns bald verblüfft die Augen und sehen staunend: die Welt.

Vielleicht, liebe Leserin, lieber Leser, stehen Sie jetzt auch staunend an dieser Stelle des Buches und denken über Ihren nächsten hilfreichen Schritt im Umgang mit Ihren Gewohnheiten nach. Erlauben Sie mir einen einfachen, kindlichen Vorschlag: Ändern Sie eine Gewohnheit. Und zwar sofort.

Beispielsweise: Wenn Sie Ihre Haare immer mit der rechten Hand kämmen, so kämmen Sie sie während der kommenden zwei Wochen ausschließlich mit der linken.

Oder: Schlafen Sie für zwei Wochen auf der anderen Seite des Bettes oder in umgekehrter Lage, also mit dem Kopf am Fußende.

Oder: Greifen Sie die Tasse, mit der Sie Tee oder Kaffee trinken, für zwei Wochen mit links, wenn Sie es sonst mit rechts tun. Alle übrigen Getränke führen Sie aber bitte genau so zum Mund, wie Sie es immer tun.

Wählen Sie eines der Beispiele, doch einmal gewählt, bleiben Sie auch dabei, denn es geht um Ihre Kraft, Ihre Fähigkeit zu Konsequenz, Ihre Lebendigkeit.

Sollten Sie herausfinden, dass Gewohnheiten doch leichter zu ändern sind, als Sie bisher angenommen haben – fein, dann ändern Sie weitere!

Ich freue mich, wenn ich Sie zum Staunen bringe: über Ihre eigenen Fortschritte.

Methode 12:
Wahrnehmung der eigenen Vitalität

Es klingt seltsam, ich weiß. Aber: Sie sitzen auf Ihrer Vitalität.

Jedenfalls, wenn Sie dieses Buch lesen, wie ich es auch geschrieben habe, nämlich im Sitzen. Denn das erste Chakra, das sogenannte Zentrum der Vitalität oder Wurzelchakra, das am Damm zwischen Sexualorgan und Anus liegt, öffnet sich nach unten. Also sitzt man darauf. Sofern man auf einem feinstofflichen Energiezentrum sitzen kann.

Nachdem Sie, liebe Leserin, lieber Leser, sich mit den Methoden und Übungen des Karma Healing in den vorigen Kapiteln befasst haben, ist jetzt der Versuch einer weiteren Selbstschau hilfreich.

Die folgende Methode habe ich bereits in anderen Büchern beschrieben, weil ich sie für elementar und heilsam halte, jedoch in etwas anderem Zusammenhang. Weil der Versuch der Eigenwahrnehmung des ersten Chakras von hohem Wert für die spirituelle Entwicklung ist und weil diese Eigenwahrnehmung weitere Möglichkeiten eröffnet, widme ich ihr auch hier ein eigenes Kapitel.

Das Verfahren ist methodisch simpel. Man schließt einfach die Augen und atmet ins Chakra. Das Vehikel der Wahrnehmung ist dabei der Einatemstrom in Verbindung mit dem Atemgewahrsein. Voraussetzung der Methode ist die Vorstellung, dass man kraft seiner Einbildung überallhin atmen kann. Tatsächlich landet eingeatmete Luft nun mal in den Lungen. Doch das Atemgewahrsein ist imstande, darüber hinauszuwandern, zum Beispiel in den linken großen Zeh oder den kleinen Finger der rechten Hand oder wohin auch immer. Also auch ins Wurzelchakra.

Versuchen Sie daher auch genau dies: mit geschlossenen Augen und dem Strom der eingeatmeten Luft ins Wurzelchakra zu atmen. Im Moment der vorgestellten und wahrscheinlich auch fein gespürten inneren Anhauchung – die keine Einbildung ist, sondern ein realer Effekt des an der Stelle ankommenden Atemgewahrseins –, in diesem Moment spüren Sie wahrscheinlich die besondere Energie des Wurzelchakras, des Zentrums Ihrer Vitalität.

Wie empfinden Sie die dort vorhandene Energie im Moment der inneren Anhauchung?

Als stark? Nicht so stark? Schwach? Angeschlagen? Krank?

Wie empfinden Sie das Hinspüren im Zuge der Anhauchung?

Als angenehm? Nicht so angenehm? Unangenehm?

Wie groß ist das Energiefeld Ihres ersten Chakras?

So groß wie eine Münze? Eine Untertasse? Ein Teller? Ein Servierteller? Eine Servicrplatte?

Wie nehmen Sie die Form Ihres Wurzelchakras wahr?

Als rund? Elliptisch? Eckig? Nicht geometrisch?

Und wenn Sie weiter dorthin atmen, nehmen Sie dann eine Form wahr? Wenn ja, welche?

Eine Art Schüssel? Eine Kristallform? Eine Spiralform? Eine amorphe Form?

Und nun zur Farbe – haben Sie eine wahrgenommen, und falls ja, welche?

Geben Sie nicht auf, falls Sie beim ersten Wahrnehmungsversuch Ihrem Empfinden nach kaum Erfolg hatten. Stellen Sie sich nun vor, dass aus Ihrem Wurzelchakra ein silberner Faden herauswächst. Führen Sie den feinen Faden bis in den Boden und schlingen Sie ihn dort kraft Ihrer Vorstellung um eine Wurzel oder einen Gesteinsbrocken. Ja, bilden Sie sich dies so kraftvoll und konkret wie nur möglich ein. Um dann wiederum die Wahrnehmung des Wurzelchakras zu probieren. Wahrscheinlich gelingt es Ihnen jetzt schon besser.

Je öfter Sie versuchen, das Wurzelchakra zu sehen, desto besser wird es Ihnen ziemlich sicher auch gelingen, denn diese sehr einfache Methode ist bestens dazu geeignet, die Wahrnehmung Ihrer feinstofflichen Energiezentren zu entfalten.

Sollten Sie dabei trübe Farben sehen, scharfe Formen, begleitet von unangenehmem Empfinden, so gibt es Handlungs-, womöglich sogar Heilungsbedarf.

Zum Handlungsbedarf ist zunächst die Beantwortung folgender Fragen hilfreich: Wodurch schwächen Sie Ihre Vitalität? Mit welchem Verhalten schaden Sie Ihrer Gesundheit?

Die ehrlichen Antworten auf diese Fragen sollten sanft, aber unmissverständlich zu wahrhaften Änderungen im Verhalten führen. Dies ist keine Geheimwissenschaft. Wenn die innere Stimme Ihnen sagt, dass Sie zu viel rauchen, zu viel Alkohol trinken, Ihren täglichen Flüssigkeitsbedarf nur ungenügend decken, zu viel Fleisch essen, womöglich auch zu wenig, zu wenig Schlaf bekommen oder irgendetwas anderes zu viel oder zu wenig zu sich nehmen oder auf eine irgendwie anders geartete schädliche Art genießen, dann handeln Sie! Und zwar nicht erst morgen, sondern heute, also jetzt, sofort. Warum mit heilsamem Verhalten warten, wenn Sie sofort damit beginnen können?

Logisch, ich kenne die Antwort. Weil Sie hoffentlich morgen die Kraft dazu haben, heute aber ziemlich sicher nicht.

Verstehe. Ich halte es zwar für keine gute Idee, die eigenen Möglichkeiten zu unterschätzen, aber morgen ist auch okay – wenn Sie dann wirklich anfangen, gesünder zu leben. Denn genau davon ist die Rede, wenn wir von der Wahrnehmung des Wurzelchakras und möglichen Schwierigkeiten dabei reden. Eine könnte sein, dass Ihnen nicht gefällt, was Sie sehen.

In dem Fall sind Sie aufgefordert, zu handeln. Und zwar so liebevoll sich selbst gegenüber, so achtsam und konsequent und gesund wie nur irgend möglich. Wenn die Konsequenz aus der Wahrnehmung Ihres Wurzelchakras beispielsweise ist, Ihren Kaffeekonsum einzuschränken, dann tun Sie dies so bewusst und heilsam wie möglich, also wahrscheinlich nach und nach, vielleicht sogar, bis Sie gar keinen mehr brauchen.

Auf die eigene körperliche Gesundheit zu achten, ist ein sehr wichtiger Aspekt des Karma Healing.

Umso besser, wenn die Wahrnehmung Ihres Wurzelchakras Ihnen mit kraftvollen Farben und Formen, von einem angenehmen Gefühl begleitet, zeigt, dass Sie bereits auf einem heilsamen Lebensweg angekommen sind. Dann gehen Sie auch weiterhin umso heilsamer mit sich um!

Überprüfen Sie mit dem beschriebenen Wahrnehmungsverfahren regelmäßig die Befindlichkeit ihrer Vitalität. Auch das allein ist schon heilsam.

Methode 13:
Wahrnehmung des zweiten bis siebten Chakras

Die im vorigen Kapitel ausgeführte Methode ist auch auf die höheren Chakren anwendbar. So können wir über die Wahrnehmung des Sakralchakras, eine Hand breit unterhalb des Bauchnabels gelegen, unsere aktuelle Befindlichkeit im Hinblick auf Sinnlichkeit und Erotik wahrnehmen. Über das dritte, das Solarplexuschakra, etwa zwei Finger breit oberhalb des Bauchnabels gelegen, auch als Zentrum der Macht bezeichnet, nehmen wir die Energien anderer Menschen wahr und erspüren unsere eigene Ausstrahlung. Das vierte Chakra, das Herzzentrum, zeigt, wie gesund unser Verhältnis zu Selbstliebe und Liebe im Allgemeinen ist. Während das fünfte Chakra, am Kehlkopf gelegen, als Zentrum des Selbstausdruckes unsere aktuelle Befähigung dazu zeigt. Im Dritten Auge auf der Stirn, dem sechsten Chakra, zeigt sich schließlich unser Verhältnis zur Intuition. Ist es verstopft, eng oder grau, ist die Intuition blockiert. Und im siebten Chakra, der sogenannten Krone, auf dem höchsten Punkt des Kopfes erkennen wir unsere Beziehung zu Gott.

Bei den Chakren zwei bis sechs geht es ausschließlich um die Öffnung nach vorn (es gibt bei diesen auch eine Öffnung nach hinten). Ihre Wahrnehmung ermöglicht Aussagen zur eigenen Befindlichkeit auf der jeweiligen Daseinsebene. Also die Wahrnehmung des Ist-Zustandes.

Gehen Sie dazu genau so vor, wie im vorigen Kapitel beschrieben, mit einer Erweiterung: Für die Wahrnehmung der Ist-Befindlichkeit über das jeweilige Chakra muss der Silberfaden vorher in die entsprechende Höhe gezogen worden sein.

Wenn Sie also in die Energie des Wurzelchakras geatmet haben, den Silberfaden aus dem Zentrum dieser Energie herauswachsen lassen haben, um ihn in der Erde zu verankern und sich damit zu »erden«, dann ziehen Sie den Faden hoch ins nächste Chakra. Das geschieht, indem Sie es sich einfach vorstellen.

Einigen Menschen fällt es leicht, die beschriebenen Verfahren anzuwenden, anderen weniger, wieder anderen gelingt es gar nicht. Der Versuch ist, wie gesagt, wertvoll, doch falls die Wahrnehmung nicht gelingt, ist es wenig hilfreich, dies wieder und immer wieder ohne Erfolg zu versuchen.

Dann lassen Sie es bitte gut sein und überspringen die entsprechenden Kapitel.

Denn auch das ist Karma Healing: sich an den entsprechenden Stellen nicht aufzureiben und Hemmnisse ganz einfach beiseitezuschieben oder zu umgehen – ohne sich weiter darüber zu ärgern.

Methode 14:

*Reise in den Heiligen Raum.
Was will ich wirklich noch lernen?*

Falls es Ihnen gelungen ist, die Chakren wahrzunehmen – fein. Falls Sie keine Probleme hatten, sich mit dem silbernen Faden zu »erden« und diesen bis zum siebten Chakra »heraufzuziehen« – großartig.

Falls Sie damit aber Probleme hatten, so stellen Sie sich nun bitte vor, dass beginnend mit dem höchsten Punkt des Kopfes ein feiner, silberner Faden durch Ihren Körper in Richtung Boden läuft, am Damm austritt und weiter in Richtung Erdboden wächst, um darin verankert zu werden.

Spätestens dann schließen Sie bitte die Augen und stellen sich vor, dass Sie Ihr Bewusstsein nun direkt unters Schädeldach verlagern, unter die Pfeilnaht am höchsten Punkt des Kopfes. Kraft Ihrer Vorstellung perlt Ihr Bewusstsein durch die Pfeilnaht, eine Restöffnung der ehemaligen Fontanelle, aus dem Kopf wie ein Tautropfen. Verbunden mit dem silbernen Faden, der sich fast automatisch an Ihr Bewusstsein geheftet hat.

Begleitet von einem leicht erhabenen Gefühl und dem Empfinden, körperlich in die Länge gestreckt zu sein, ruht Ihr Bewusstsein nun auf dem Schädeldach.

Daraufhin stellen Sie sich bitte vor, sich mit Ihrem Bewusstsein von Ihrem Kopf zu lösen und, weiterhin verbunden mit dem Silberfaden, in direkter vertikaler Linie nach oben aufzusteigen. Das vermittelt wahrscheinlich ein losgelöstes Empfinden.

Stellen Sie sich vor, dass Ihr Bewusstsein weiter aufsteigt. Bis zu einer Höhe von etwa fünfzig Zentimetern, woraufhin sich ein wolkig schwebendes Empfinden einstellt. Ihr biologischer Körper wirkt nun weit entfernt, vielleicht auch seltsam verkleinert.

Das wolkige Empfinden wiederum ist das Resultat Ihres Eintritts ins achte Chakra. Dieses Chakra ist an Ihr feinstoffliches Energiesystem gekoppelt, doch nicht direkt mit Ihrem biologischen Körper verbunden. Das achte Chakra ist das Tor zum Heiligen Raum, also Ihr individueller Zugang zur Sphäre des Heiligen.

Ich bitte Sie daher nun, eines zu tun: loszulassen. Sich vorzustellen, in den Heiligen Raum zu schweben. In die Präsenz des Heiligen, in die Gegenwart der Heiligen.

Vielleicht sehen Sie die Heiligen, vielleicht spüren Sie sie energetisch, vielleicht empfinden Sie deren Anwesenheit.

Im Heiligen Raum angekommen, richten Sie bitte im Geiste folgende Frage an die Heiligen: »Was, bitte, habe ich in diesem Leben wirklich noch zu lernen?«

Falls Ihnen das »wirklich« nicht zusagt, können Sie es durch die Formulierung »unbedingt« ersetzen. Sie können aber auch das eine wie das andere Wort einfach weglassen.

In jedem Fall bitte ich Sie, diese Frage drei Mal zu stellen. Und drei Mal aufmerksam auf die Antwort zu hören.

Vielleicht ist die Antwort deutlich verständlich. Vielleicht ist die Antwort weniger deutlich, also kaum verständlich. Vielleicht ist die Antwort rätselhaft. Vielleicht kriegen Sie keine Antwort, weil Sie die Antwort bereits kennen.

Wie auch immer: Erinnern Sie sich an Ihren biologischen Körper. Stellen Sie sich vor, dass Sie am silbernen Faden zurück in Ihren Körper gezogen werden. Spüren Sie, wie Sie einsinken. Wackeln Sie mit den Fußzehen und reiben Sie die Hände, um wieder ganz bei sich anzukommen. Und dann vergegenwärtigen Sie sich bitte, was Sie in diesem Leben unbedingt, also wirklich, noch zu lernen haben.

Was ist es?

Sich selbst wirklich zu lieben?

Einen anderen Menschen wirklich zu lieben?

Menschen überhaupt zu lieben?

Hingabe?

Innere Wut zu überwinden?

Trauer loszulassen?

Weiteres Verzeihen zu üben?

Großzügigkeit zu entwickeln?

Mut zu zeigen?

Freude zu zeigen?

Methode 15:
Lernen, was man noch zu lernen hat

Einfacher gesagt als gelebt, ich weiß. Aus eigener Erfahrung. Ein Thema meines Lebens ist Hingabe. Früher hatte ich damit Schwierigkeiten. Dann habe ich die Schwierigkeit, mich hinzugeben, als Problem erkannt. Und dann habe ich Hingabe geübt.

Allein die Absicht, mehr Hingabe zu üben, habe ich als sehr heilsam erlebt. Für mich. Für meine Liebsten. Und nicht nur die.

Denn alle drei Aspekte, ich selbst, meine Familie und mein Umfeld, wozu auch Beruf und Berufung gehören, ergeben das Triptychon karmischer Heilung.

Im Zentrum des dreiteiligen Bildes steht das Selbst. Und welches Lebensthema auch bearbeitet werden will – mehr Liebe wagen, mehr Sinnlichkeit leben, mehr Reichtum zulassen, mehr Großzügigkeit riskieren, mehr Spiritualität willkommen heißen, mehr Glauben entstehen lassen –, die Erkenntnis, also die Frucht aus der Arbeit mit dem Lebensthema, sollte als

Erstes dem eigenen Selbst zugutekommen, dann der Familie und dann allen Bekannten, allen Arbeitskollegen und Klienten und allen Menschen, mit denen man darüber hinaus noch zu tun hat.

Erkenntnis ist immer gesund, ungesunde Erkenntnisse nennt man daher wohl Missverständnisse. In der Bearbeitung des Lebensthemas sind Missverständnisse möglich. Mehr Großzügigkeit könnte zur Gefährdung der eigenen Existenzgrundlagen führen und mehr Sinnlichkeit zu weniger gesunden Formen der Sexualität.

Erst das gesunde Maß gibt daher den heilsamen Rahmen für das Triptychon.

Methode 16:
Selbstrespekt und ein gesundes Maß

Wie finde ich ein gesundes Maß? Und wie halte ich ein gesundes Maß, wenn ich es gefunden habe?

Schwierige Fragen. Nicht wenige Menschen haben größte Probleme mit der Antwort.

Sie finden die Maß auf dem Oktoberfest zwar maßlos süffig, aber das Maß im Alltag wenig attraktiv.

Nachvollziehbar. Aber unmäßig sind in der Folge nicht selten Kopfschmerz und Katzenjammer. Allerdings ist das Maß immer ein eigenes. Es für sich zu finden, kann einem niemand abnehmen. Wenn einem jemand sagt (auf dem Oktoberfest, um bei dem Beispiel zu bleiben): »Lass die Maß mal besser stehen, sonst wirst du maßlos!«, hat er vielleicht recht damit, aber auch nur vielleicht.

Wahrscheinlich haben Familie und Freunde recht, wenn sie einen zum Maßhalten ermahnen. Und auch gesellschaftliche Regeln dazu sind sicher nicht sinnlos. Doch bieten sie nur Näherungswerte. Das für Sie richtige Maß, liebe Leserin, lieber Leser, können nur Sie kennen. Hinzu kommt: Es will je nach Lebenssituation immer wieder neu gefunden und gehalten, also angeglichen und ausbalanciert werden.

Uff, lieber Autor, geht's nicht etwas einfacher?

Zum Glück gibt es einen sehr engen Freund, der hilft einem dabei. Dieser Freund, den jeder hat, ich ebenso wie Sie, liebe Leserin, lieber Leser, aber auf den nicht jeder hört, ich manchmal nicht und Sie wahrscheinlich auch immer wieder nicht, hört auf den Namen »Selbstrespekt«.

Man muss ihn nicht rufen, denn er ist immer da. Allerdings kann es sein, dass man ihn so vernachlässigt hat, dass er zu schweigen scheint. Und wenn man ihn lange genug mit Füßen getreten hat, wirkt er, als wäre er gar nicht mehr da. Doch tatsächlich ist der Selbstrespekt nur im Schatten versunken. Und wenn man ihn nett bittet, tritt er gern zurück ins Licht unserer Aufmerksamkeit.

Dort kann man ihn wahrnehmen und fragen: Was meinst du? Ist das gut für mich? Soll ich das besser lassen? Rätst du mir hierzu? Oder ist das da eher im Einklang mit dir?

Ihr Selbstrespekt, liebe Leserin, lieber Leser, hat immer eine Antwort darauf, und er gibt sie gern. Umso lieber, wenn seine Antwort gehört, angenommen und befolgt wird.

Das gilt für den Umgang mit Genussstoffen ebenso wie für sämtliche andere Aspekte des Lebens. Auch für Verhalten und Verhaltensmuster.

Man muss nur seinen Selbstrespekt befragen. Der hat ganz sicher eine gute Antwort. Besonders gern berät er in Fragen des Lebensthemas.

Sie wissen noch, worum es dabei geht?

Dann fragen Sie nun Ihren Selbstrespekt, wie Ihr Lebensthema auf eine gesunde Art in Handlungen münden soll. Handlungen auf den drei Ebenen des Triptychons: Selbst, Familie, Umfeld (auch berufliches).

Methode 17:
Mit Selbstrespekt zu mehr Selbstliebe

Wie fühlt sich das an, wenn Sie sich an Ihren Selbstrespekt wenden?
Gut, hoffe ich.
Falls nicht, ist die Formulierung »noch nicht« eigentlich angebrachter, denn dann fehlt Ihnen lediglich etwas Übung. Sie werden schon sehen, je mehr Sie Ihren Selbstrespekt in Ihr Leben mit einbeziehen, desto mehr werden Sie dies schätzen und auch genießen. Je häufiger Sie Ihren Selbstrespekt befragen, desto klarer hören Sie seine Antworten.
Und das ist eine Freude, und erfreulicherweise auch gesund. Und darüber hinaus Nahrung für die Selbstliebe – die wichtigste karmische Tugend überhaupt.

Methode 18:
In den Ozean des Lebens eintauchen

Schön! Sie hören also auf Ihren Freund, den Selbstrespekt.
Und Sie spüren, wie sich Ihre Selbstliebe entfaltet.
Denn Respekt sich selbst gegenüber und die Liebe zu sich selbst, das haben Sie vielleicht schon festgestellt, sind wie Geschwister. Ist eins von beiden da, ist das andere nicht weit.
In diesem Zustand innerer Wärme und Weite machen Sie bitte ausgedehnte Spaziergänge. Begleitet von der Vorstellung, dass dieses Leben, Ihr Leben und das Leben aller anderen, einen Ozean des lebendigen Seins bildet, ein äußerst feines Gewebe des Gewahrseins, und Sie wie eine einzelne Masche darin sind. Untrennbar verwoben mit dem Dasein an sich. Und alles, was ist, ist auch mit Ihnen verbunden. Die Luft, die Sie atmen, ist mit allen Lüften dieser Welt verbunden. Alles, was Sie sehen, hören, tasten, riechen und schmecken können, ist Teil allen sichtbaren oder an-

derweitig sinnlich wahrnehmbaren Seins. Und alles, was Sie nicht sinnlich wahrnehmen können, von deren Existenz Sie aber dennoch zu wissen meinen, ist gleichermaßen da, zumindest gedanklich. So bewegen Sie sich im Feld des Lebens, mit allem verbunden, was Sie sehen, hören, riechen, tasten, schmecken und denken können.

Und dieses Bewusstsein nenne ich das »ozeanische«, denn es ist grenzenlos. So grenzenlos, wie die Quelle allen Seins ohne Grenzen ist. So grenzenlos, wie Liebe ohne Grenzen und weit sein kann. Und so grenzenlos wie die Freude darüber.

Methode 19:
Zur Quelle der Erfahrung

Nachdem Sie das ozeanische Bewusstsein einige Tage, vielleicht sogar Wochen lang immer wieder geübt haben, bitte ich Sie, sich Zeit für eine tägliche Meditation zu nehmen. Mindestens zehn, höchstens sechzig Minuten lang. Die Dauer entscheiden Sie. Je nachdem, wie es gerade zeitlich passt.

Sie können sitzen oder liegen. Hauptsache, Ihr Rücken ist gerade und Ihre Beine sind nicht übereinandergeschlagen. Wie im Lotossitz gekreuzt können Ihre Beine aber durchaus sein.

Dann schließen Sie bitte die Augen.

Was sehen Sie mit geschlossenen Augen? Wahrscheinlich einen Schimmer durch die Lider – es sei denn, Sie befinden sich in einem abgedunkelten Raum.

Vergegenwärtigen Sie sich, was Sie sehen.

Dann: Was hören Sie?

Ziemlich sicher den eigenen Atem. Vielleicht Ihren Herzschlag. Geräusche Ihrer Umwelt.

Vergegenwärtigen Sie sich, was Sie hören.

Dann: Was riechen Sie in diesem Moment?

Womöglich den eigenen Geruch. Gerüche des Ortes, an dem Sie sich befinden.

Vergegenwärtigen Sie sich, was Sie jetzt riechen.

Dann: Was fühlen Sie auf Ihrer Haut?

Vielleicht Kleidung. Oder auch keine. Raumtemperatur im Gesicht, an den Händen.

Vergegenwärtigen Sie sich, was Sie auf diese Weise spüren.

Dann: Was schmecken Sie in diesem Augenblick im Mund?

Ziemlich sicher den eigenen Speichel. Vielleicht auch Reste dessen, was Sie vor einiger Zeit gegessen haben.

Vergegenwärtigen Sie sich, was Sie gerade schmecken.

Dann: Was empfinden Sie emotional?

Sind Sie heiter? Glücklich? Weniger glücklich? Melancholisch? Traurig? Gereizt? Wütend? Ungeduldig? Nervös? Rastlos? In Bewegung? Eine Mischung davon? Oder ein ganz eigenes Gefühl?

Vergegenwärtigen Sie sich Ihr augenblickliches Empfinden.

Dann: Was denken Sie?

Etwas über Ihre Empfindungen? Über diese Meditation? Oder über etwas ganz anderes?

Vergegenwärtigen Sie sich Ihre ganz speziellen Gedanken in diesem ganz besonderen Augenblick Ihres außerordentlich momentanen Daseins.

Dann: Was denken und empfinden und schmecken und riechen und tasten und hören und sehen Sie jetzt? Was nehmen Sie also nun gleichzeitig wahr, Denken und Emotionen inklusive?

Halten Sie die Gleichzeitigkeit der Wahrnehmung.

Spüren Sie das alles in sich.

Sie sind vollständiges Gewahrsein.

Anwesend auf allen sinnlichen und mentalen Ebenen.

So präsent meditieren Sie nun über den folgenden Satz:

Ich bin die Quelle all meiner Erfahrungen.

Methode 20:
Zur Schönheit des Ichs

Haben Sie an dieser Stelle Fragen?

Womöglich: Das Ich als Quelle all Ihrer Erfahrungen könnte Ihnen zweifelhaft erscheinen.

Außerdem: Gibt es das Ich überhaupt? Manche Philosophen stellen dies infrage.

Oder: Sie haben Ihr Ich schon längst abgelegt, des Stresses überdrüssig, den so ein Ich immer wieder auch macht, in dem Fall meistens abfällig Ego genannt.

Verständlich, es kann einem schon lästig sein: »Ich will das oder noch besser dieses da. Ich habe hier einen Mangel. Und daran leide ich. Ich bin ja so unglücklich. Und wahnsinnig unbefriedigt bin ich ja auch.«

So ein Ich kann ganz schön nerven.

Kein Wunder, wenn es viele Menschen überwinden wollen. In der Hoffnung, damit auch ihre Unzufriedenheit zu überwinden, ihr Unglück, ihren Schmerz, ihren Mangel und ihre vielen Wünsche.

Doch so funktioniert das nicht.

Unzufriedenheit, Unglück, Schmerz und Mangel verlagern sich nur auf eine andere Ebene, nämlich die esoterisch verklärte.

Nach meiner Erfahrung brauchen Menschen in dieser hochkomplexen Welt ein starkes Ich. Dieses starke Ich ist wie ein Anker in einer tosenden See. Es gibt Halt, wo sonst kein Halt in Sicht ist. Es verschafft einem eine stabile Basis, wo der Boden zu schwanken scheint. Das Ich ist wie ein Kokon für ein ansonsten zerfaserndes Selbst.
Natürlich ist es reizvoll, diesen Kokon abzustreifen, um sich selbst der Welt noch vollständiger und ungeschützter und noch feiner auszusetzen.
Doch eins nach dem anderen.
Für das Abstreichen des Ichs – oder vielmehr das Erweitern des Kokons –, das sage ich als spiritueller Heiler, muss man reif sein.
Diese Reife entsteht durch die vollständige Annahme des Ichs.
Und die vollständige Annahme des Ichs wiederum ist eine Folge der Erkenntnis: Ich bin die Quelle all meiner Erfahrungen.

Sprechen Sie bitte mehrmals täglich den Satz: Ich bin die Quelle all meiner Erfahrungen.

Hinterfragen Sie den Satz bitte. Versuchen Sie, seine Bedeutung so umfangreich wie nur möglich zu erfassen. Kauen Sie immer wieder auf dem Satz herum, wenn Sie essen. Schlafen Sie mit Gedanken an diesen Satz ein. Erinnern Sie sich direkt nach dem Aufwachen daran. Und beobachten Sie, wie Ihr Ich durch die Beschäftigung mit diesem Satz auf eine heilsame Weise gekräftigt wird.

Stellen Sie sich vor, dass Ihr Ich eine Art mentalen Glanz bekommt. Und verknüpfen Sie diese Vorstellung mit der bereits vermittelten Vorstellung vom strahlenden Selbst.

Sie, liebe Leserin, lieber Leser, sind die Quelle all Ihrer Erfahrungen, und als diese leuchten, ja, strahlen Sie. Sie leuchten und strahlen wie eine Glühbirne in menschlicher Form.

Methode 21:

Als strahlendes Ich in den Ozean des Lebens

Sie, verehrte Leserin, verehrter Leser, sind die Quelle Ihrer Erfahrungen – ich glaube, diese Position in der Welt und Perspektive zur Welt ist Ihnen inzwischen ebenso vertraut wie die Vorstellung, in dieser Welt zu leuchten.

In Kombination, nämlich als strahlende Quelle Ihrer Erfahrung, bitte ich Sie nun, in den Ozean des Lebens einzutauchen.

Wie das?

Ganz einfach: Indem Sie sich selbst als strahlende Quelle ihrer Erfahrung sehen, und zwar so bildlich und konkret wie nur möglich, um sich als solchermaßen strahlendes Ich im Ozean zu bewegen.

Der Ozean ist überall. Wo Sie auch sind. Wach oder schlafend. Ruhend oder körperlich bewegt. Der Ozean ist in Ihnen, um Sie herum und weiter als Sie denken und jemals wissen können und könnten. Denn wo auch immer Sie hindenken, ist der Ozean schon da. Der Ozean trägt Sie, der Ozean umarmt Sie und auf seine ozeanische und äußerst feine Art liebt er Sie. Als strahlend leuchtendes Individuum mit dem Bewusstsein eines Ichs schwimmen Sie im göttlichen Ozean allen Seins. Aufgehoben, getragen und vollständig und auf Ihre ganz eigene Weise gesund.

Im Ozean allen Seins, also auch dem göttlichen, machen Sie als strahlende Seele Erfahrungen. Sie sagen: Ich freue mich darüber. Ich lerne daraus. Ich nehme meine Aufgaben an, wie ich mein Leben annehme. Das ist Karma Healing.

Und nun ist der Moment reif für ein weiteres Gespräch über den Tod.

Methode 22:
Den Tod als Meister der Transformation anerkennen

Haben Sie Angst?
Angst, weiterzulesen?
Angst, sich über die Bedeutung der in der Kapitelüberschrift genannten T-Wörter Gedanken zu machen?

Welches wirkt beunruhigender auf Sie?

Bitte, sagen Sie jetzt nicht vorschnell keins!

Dies ist nicht der geeignete Moment, sich die Dinge leicht zu machen.
Das Leben – und auch das Sterben – nimmt keine Rücksicht auf das Bedürfnis nach Bequemlichkeit. Es zwingt den Menschen dazu, sich selbst anzuschauen. Oder vielmehr bringt sich jeder Mensch, nicht zuletzt durch unterbewusstes Handeln, in die Position, sich selbst anzuschauen. Dazu gehört,

ebenfalls nicht zuletzt, die Erwartung des eigenen Todes.

Daher nochmals meine Frage: Macht Ihnen eines der T-Wörter Angst? Womöglich beide?
Transformation: lateinisch für Umformung, Veränderung von Form, Gestalt und Struktur.
Die Veränderung von Form, Gestalt und Struktur bewirkt auch der Tod.
Wir bewegen uns darauf zu. Jeder Atemzug bringt uns näher. Nie können wir wissen, wie lange dieses Leben noch währt.
Verneinen wir diesen Gedanken?
Bejahen wir ihn?
Sind wir bereit, unser Leben umso mehr zu lieben, weil es durch den Tod begrenzt ist?
Oder empfinden wir die Tatsache, dass es den Tod gibt, als Verrat am Leben?
Oder denken wir an alles Mögliche, nur nicht an den Tod?

Sie, liebe Leserin, lieber Leser, denken in diesem Moment ziemlich sicher an Ihren Tod. Deshalb bitte ich

Sie, dieses Buch für zwanzig Minuten aus der Hand zu legen, um in genau diesen zwanzig Minuten ausschließlich an Ihren Tod zu denken, also an die Gewissheit und Unweigerlichkeit Ihres künftigen Ablebens, das unvermeidliche Ende Ihres Daseins in diesem Körper, den sicheren Verfall Ihres jetzigen Körpers, gefolgt von dessen Beisetzung, in welcher Form auch immer.

Nach Ablauf der zwanzig Minuten bitte ich Sie, dieses Buch wieder zur Hand zu nehmen, um auf der nächsten Seite weiterzulesen.

Hier. Schauen Sie bitte jetzt auf die Uhr. Wie viel Zeit ist genau vergangen, seit Sie dieses Buch aus der Hand gelegt haben?

Mehr als zwanzig Minuten?

Weniger als zwanzig Minuten?

Haben Sie mehr Zeit gebraucht, um über Ihren Tod nachzudenken?

Haben Sie sich mehr Zeit genommen, aber die Zeit für etwas anderes genutzt, etwas in Ihren Augen Sinnvolleres?

Haben Sie die Zeit verstreichen lassen und Ihrem Empfinden nach nicht genutzt?

Haben Sie womöglich mehr Zeit als zwanzig Minuten ungenutzt verstreichen lassen?

Oder haben Sie schneller oder gleich weitergelesen?

Formulieren Sie bitte im Geiste eine Antwort auf die Frage, wie Sie mit der Bedenkzeit für Ihren eigenen Tod umgegangen sind.

Und sprechen Sie die Antwort bitte hörbar aus.

Jetzt.

Ihre Antwort ist ein Hinweis auf Ihre Haltung zu Ihrem Tod. Vor allem aber beinhaltet Ihre Antwort Ihre Haltung zum Leben. Ihrem Leben.

Wie auch immer Ihre Haltung ist – ich hoffe, Sie genießen sie. Ich hoffe, Ihre Haltung gegenüber Ihrem Leben gibt Ihnen Kraft. Ich hoffe, Ihre Haltung gegenüber Ihrem Leben erscheint Ihnen selbst gesund und ist auch gesund für andere.

Denn der Tod kommt manchmal schneller, als man denkt. Besser leben wir dieses Leben ganz, bevor es zu Ende geht. Besser vergegenwärtigen wir uns die Prozesse des Auflebens, des Lebens und des Ablebens, solange wir die Zeit und die Möglichkeit dazu haben.

Diese Zeit jetzt, in genau diesem Moment, erscheint mir ideal dafür.

Aber ich könnte mich ja auch irren.

Daher sage ich dies mit dem größten Respekt, voller Liebe und Hingabe und Geduld.

Methode 23:
Das Leben feiern

Genau: Das machen Sie jetzt, bitte, auf Ihre ganz eigene Art. Aber, ohne den Tod zu vergessen.

Nachwort zur Wiedergeburt und zum wahrhaftigeren Leben

Ich glaube an den Kreislauf des Lebens und Sterbens, des Ablebens und Auflebens und den möglichen Ausstieg aus dem Rad des Lebens und Sterbens überhaupt.
Ich glaube an die Quelle allen Seins.
Ich glaube an die Heiligen und das Heilige und Heile in jedem Menschen – wie krank er sich gerade auch fühlen und verhalten mag.
Ich glaube an die Einheit allen Seins und daran, dass jegliche Trennung eine Illusion ist.
Und ich glaube, dass Sie, liebe Leserin, lieber Leser, auf einem sehr guten Weg sind, nämlich Ihrem ganz persönlichen Erfahrungsweg in diesem Leben.
Ich meine zu wissen, dass Sie und ich am Ende unseres Erfahrungsweges in diesem Leben sterben, um wahrscheinlich in ein weiteres hineingeboren zu werden.
Alle Erkenntnisse, alle Verdienste aus diesem Leben kommen uns in diesem Leben zugute. Und auch im nächsten. Und womöglich im übernächsten.

Auch das ist Karma Healing: weiter zu denken. Immer weiter. Und noch viel weiter. Und entsprechend zu handeln.

Mehr über den Autor und dieses Buch

Ich wurde 1958 in Hamburg geboren. Seit rund zehn Jahren leite ich das »Zentrum für Energetisches Heilen« in Berlin und arbeite als Heiler eng mit Ärzten zusammen.

Schon als Kind kam ich mit geistigem Heilen in Kontakt, denn mein Vater linderte Krankheiten durch Handauflegen und ermunterte mich, es ihm gleichzutun. Trotzdem wurde ich zunächst Journalist und Kriegsreporter. Bis ein Nahtoderlebnis mein Interesse für Spiritualität und geistiges Heilen neu erweckte. Ich ging bei bekannten Heilern in die Lehre, um nach Jahren intensiven Lernens eine eigene Methode zu entwickeln.

Diese Methode beschrieb ich in meinem Buch »Spirituelle Medizin – Heilen mit der Kraft des Geistes«. Über meine eigene Konfrontation mit dem Tod und die Begleitung einer Sterbenden schrieb ich in »Das Buch des Übergangs – Spirituelle Medizin und Sterbebegleitung«, während mein nächstes, »Das Buch der Ankunft – Der Weg der Seele bis zur Geburt«, sich der Inkarnation widmet.

Wer bin ich? Wohin gehe ich? Woher komme ich? Diesen drei Grundfragen menschlichen Seins widmen sich die drei vorangegangenen Bücher.
Das vorliegende bündelt nun Erkenntnisse aus Antworten auf die drei Grundfragen zu praktischen Methoden und Vorgehensweisen, die Sie, liebe Leserin, lieber Leser, nun mit Erfolg angewandt haben.
Und das freut mich als Autor sehr!

Ihr

Otmar Jenner

Für weitere Informationen und Kontakt:
www.otmarjenner.de